Diários da Assessora de Encrenca

Diários da Assessora de Encrenca

Os bastidores das turnês com Gilberto Gil e outros artistas

Gilda Mattoso

MINOTAURO

DIÁRIOS DA ASSESSORA DE ENCRENCA
Os bastidores das turnês com Gilberto Gil e outros artistas
© Almedina, 2024
AUTORA: Gilda Mattoso

DIRETOR DA ALMEDINA BRASIL: Rodrigo Mentz
EDITOR: Marco Pace
PRODUTORA EDITORIAL: Erika Alonso
ASSISTENTES EDITORIAIS: Letícia Gabriella Batista e Tacila Souza

REVISÃO: Sol Coelho e Karoline Leandro
DIAGRAMAÇÃO: Almedina
DESIGN DE CAPA: Daniel Rampazzo

ISBN: 9788563920638
Março, 2024

Dados Internacionais de Catalogação na Publicação (CIP)
(Câmara Brasileira do Livro, SP, Brasil)

Mattoso, Gilda
Diários da assessora de encrenca / Gilda Mattoso.
– São Paulo : Minotauro, 2024.

ISBN 978-85-63920-63-8

1. Crônicas brasileiras 2. Música brasileira
3. Relatos de viagens 4. Turismo I. Título.

23-172892   CDD-B869.8

Índices para catálogo sistemático:

1. Crônicas : Literatura brasileira B869.8

Eliane de Freitas Leite - Bibliotecária - CRB 8/8415

Este livro segue as regras do novo Acordo Ortográfico da Língua Portuguesa (1990).

Todos os direitos reservados. Nenhuma parte deste livro, protegido por copyright, pode ser reproduzida, armazenada ou transmitida de alguma forma ou por algum meio, seja eletrônico ou mecânico, inclusive fotocópia, gravação ou qualquer sistema de armazenagem de informações, sem a permissão expressa e por escrito da editora.

EDITORA: Almedina Brasil
Rua José Maria Lisboa, 860, Conj.131 e 132, Jardim Paulista | 01423-001 São Paulo | Brasil
www.almedina.com.br

Apresentação

Comecei a viajar pelo mundo em 1973, quando me mudei de Niterói, minha terra natal, para a Inglaterra, onde, por coincidência, meus dois irmãos mais velhos foram viver. Um deles servia à Comissão Naval Brasileira na Europa e vivia com a família em Barrow-in-Furness, no norte do país; o outro, também com a família, trabalhava no Banco do Brasil de Londres. Vivi primeiro em Barrow, depois em Londres. De lá fui para Perúgia, na Itália, onde me matriculei na Università Italiana per Stranieri. Em seguida, mudei-me para Roma e então para Paris, onde vivi dois anos até começar minha vida com Vinícius de Moraes. Nosso romance começou um pouco antes, mas vivemos juntos em Paris até voltarmos para o Brasil, em dezembro de 1978. Vivi com ele até sua morte, em julho de 1980. Sempre digo que fui abençoada por meu trabalho ter me ajudado a conhecer os maiores artistas de nossa música, o que considero o maior patrimônio do Brasil, e ao mesmo tempo viajar pelo mundo, coisa de que mais gosto na vida! Desde os tempos em que trabalhava na indústria fonográfica, quando, pelo fato de falar vários idiomas, era convocada para viajar com os artistas da gravadora. Quando saí para ter minha própria empresa de assessoria e RP, continuei a ser chamada para viajar. Que bom! Nessas viagens, criei o hábito de escrever diários para termos registro não só dos shows, mas também dos bastidores, dos hotéis, dos restaurantes, tudo que compõe uma turnê — inclusive os amigos que vamos encontrando por aí, o que é sempre uma alegria! Os diários não tinham nenhuma preocupação estilística, serviam simplesmente para informar o grupo, já que assim que os escrevia, distribuía esses diários para todos. Às vezes, anos depois de uma determinada viagem, a gente quer lembrar o nome de um hotel/ restaurante que adoramos. Basta voltarmos aos diários.

Recentemente recebi o convite da editora Almedina para publicá-los e aqui estão, devidamente revisados e ampliados. Destaco os diários da turnê Nós A Gente, que registram a reunião da família Gil completa, festejando os oitenta anos de nosso patriarca Gil, começando no dia de seu aniversário, em 26/06, e se estendendo até início de agosto. A turnê atravessou 13 países e 17 cidades! Como bônus tracks, pincei alguns diários de outras turnês com Gil, ou mesmo trechos deles em que havia acontecimentos ou encontros mais interessantes. No livro, eles aparecem na ordem cronológica em que as respectivas turnês aconteceram. São eles:

- Três diários da turnê Dois Amigos, Um Século de Música – Caetano e Gil (Europa, 2015).
- Dois diários da turnê Trinca de Ases – Gal Costa, Nando Reis e Gil (Europa, 2018).
- Um diário da turnê OK OK OK – Gil (Europa, 2019).
- Quatro diários da turnê Nós A Gente – Gil e família (Europa, 2022).

Apertem os cintos e boa viagem!

Prefácio — Preta Gil

"Nós A Gente" era um sonho meu. Passei minha adolescência e parte da minha vida adulta com um sonho de acompanhar meu pai nas turnês da Europa. Fui mãe cedo e sempre trabalhei muito, acabou que nunca consegui ir, né? E aí, quando meu pai viajou pela Europa, com parte da família, na turnê do show "Refavela", já existia o nosso grupo no WhatsApp e lá recebíamos vídeos e fotos dos shows e passeios diariamente. Foi quando não resisti e dei a ideia, quase que impossível, de juntar a família toda em uma turnê. O ano era 2019 e as gêmeas nem existiam ainda.

Como sempre digo, a ideia foi minha, mas Dona Flora conseguiu o impossível: realizar a turnê e ainda produzir uma série documental. Nossa turnê seria em 2020, mas como o mundo todo parou por conta da pandemia, ela foi adiada para 2021 e também não aconteceu em 21 ainda, pois não era seguro viajarmos, mas a família se reuniu no sítio de Araras para pensar como seria o show da turnê e isso virou a primeira temporada da nossa série "Em Casa Com Os Gil" — um conteúdo lindo e emocionante.

O ano de 2022 chegou e com ele a nossa tão sonhada turnê na Europa. O show foi batizado por meu pai de "Nós A Gente", entramos no estúdio para ensaiar em junho e no final do mesmo mês embarcamos rumo à Europa. Quando se pensa em turnê na Europa, logo vem a figura de Gilda Mattoso na cabeça. Ela é uma peça importantíssima. Passei a vida toda escutando os causos de Gilda, que tem uma maneira mais que peculiar em viver e contar histórias. Ela certamente é a não Gil mais Gil de todas. E lá estava ela, tão engraçada, leve, culta e a alegria da criançada, em meio àquela loucura toda.

Vocês imaginem: mais de 25 pessoas da família, mais equipe, mais equipe da série. Sim, tudo foi devidamente registrado para uma segunda temporada, agora "Viajando Com Os Gil", e no meio dessa loucura Gilda era para mim uma fonte inesgotável de conhecimento de causa. Quantas turnês ela já tinha feito com meu pai? Acho que mais de vinte. Nas nossas viagens de ônibus, ela embalava a *road trip* com histórias hilárias, e entretinha as crianças ensinando palavrões. A tia Gilda é a melhor.

Sem contar que ela e sua filha, Marina Mattoso, são uma dupla genial. Marina, que já conhece as histórias, instigava a mãe para contá-las, e eu ansiava por esses momentos. Antes de chegarmos a cada cidade, Gilda, que vai muito além de uma assessora de imprensa, nos falava dos lugares e dos restaurantes para irmos. Contava para o meu pai quais amigos iriam ao show, como era o hotel e por aí vai. Nossa viagem não seria a mesma sem Gildinha, ainda bem que temos essa sorte em tê-la tão próxima de nós, pois ela também é "Nós A Gente"! E agora nossa turnê estará eternizada pela série e pelo livro de Gildinha!

Sumário

Apresentação... 7

Prefácio — Preta Gil.................................... 9

Capítulo 1
Turnê Dois Amigos, Um Século de Música — Diário 1 (Europa, 2015).. 13

Capítulo 2
Turnê Dois Amigos, Um Século de Música — Diário 2 (Europa, 2015).. 19

Capítulo 3
Turnê Dois Amigos, Um Século De Música — Diário 3 (Europa, 2015).. 27

Capítulo 4
Turnê Trinca de Ases — Diário 1 (Europa, 2018).................. 37

Capítulo 5
Turnê Trinca de Ases — Diário 2 (Europa, 2018).................. 41

Capítulo 6
Turnê OK OK OK — Diário 1 (Europa, 2019)...................... 47

Capítulo 7
Turnê Nós A Gente — Diário 1 (Europa, 2022).................... 53

Capítulo 8
Turnê Nós A Gente — Diário 2 (Europa, 2022).................... 57

Capítulo 9
Turnê Nós A Gente — Diário 3 (Europa, 2022).................... 65

Capítulo 10
Turnê Nós A Gente — Diário 4 (Europa, 2022).................... 71

Caderno de Fotos da Turnê "Nós A Gente" 83

Capítulo 1

Turnê Dois Amigos, Um Século de Música — Diário 1 (Europa, 2015)

Esqueci de comentar que Andréa Franco, que trabalha com Caetano e é casada com Patrícia Casé, já conhecia o Conservatorium, onde se hospedou uma vez com toda a família Casé. Além de a comida ser maravilhosa e o hotel lindo, existe uma loja de cosméticos chamada Skins Cosmetics, que é o máximo. Bel Augusta tinha me indicado e Andréa confirmou! Porém estava fechada quando fomos jantar. Vai ficar para a próxima.

Ontem descansei bastante, arrumei as malas, fiz uma caminhada e saímos de barco com o produtor local, Alaor, e sua esposa, Gracia, que é muito bonita e trabalha com ele. Almoçamos no barco. Estava um dia lindo, ensolarado, mas fresquinho e foi divertido. Conversamos muito, tomamos vinho e vimos Amsterdã do ponto de vista dos canais! Cada vez que venho aqui, gosto mais dessa cidade pequena e encantadora.

Voltamos para o hotel por volta das 18h, ficamos no *hall* ainda conversando e depois fui para o quarto assistir à TV.

O pessoal do Estado Islâmico fez um estrago em um hotel em Tunes, e em uma mesquita na cidade de Kuwait. Deprimente. Para completar o quadro, aqui passa TV Record internacional e todos aqueles programas *trash*, religiosos, asquerosos! A propósito, Boechat sempre me representou e agora representa mais ainda nessa baixaria com o Malafaia, tomador de dinheiro dos pobres!

Ontem também aconteceu uma coisa chatérrima: alguém postou que Tônia Carrero tinha morrido. Eu, falta de baile total, não cheguei e publiquei um comentário sobre nossa querida Marinha. Mais tarde me avisaram que era mentira! Incrível a falta do que fazer de certas pessoas! Fiquei quieta, trabalhando um pouco na internet, e hoje acordei cedo. Dei um rolê de *bike* e fiz esteira — durante o exercício, perdi um brinco que adoro, presente que Flora, mulher de Gil, me deu há anos atrás, quando a produtora Gege do Gil nem estava onde está hoje! Fiquei chateada. Depois tomei banho, me arrumei e deixei o quarto às 14h. Vamos sair daqui para o hotel da técnica às 17h. De lá, o ônibus nos levará para Bruxelas. Já estou com nomes de restaurantes bacanas para irmos (sempre via Bel Augusta).

Saímos de Amsterdã felizes com o resultado do primeiro show e ganhamos as boas estradas holandesas e belgas. Soube que as estradas da Bélgica são consideradas as melhores da Europa por diversas razões, inclusive por serem superbem iluminadas, podendo ser vistas dos aviões!

Chegamos à noite em Bruxelas, cidade bela, mas sem muita alma. A arquitetura *Art Déco* é bastante presente e linda. Nosso hotel era o Steigenberger Wiltcher, no centrão (Louise Av.), muito confortável. Uns foram comer e eu fui dormir! Na manhã seguinte, tomei café com Andréa e Tino, saí para minhas andanças e fui até Place du Grand Sablon, por recomendação de Bel Augusta. Vi a Brasserie Leffe e o *chocolatier* Pierre Marcolini, um dos melhores da Bélgica! Aproveitei e entrei na basílica de Notre Dame du Sablon, onde pedi bênçãos para nossa turnê!

Voltei para o hotel, pois tinha marcado um encontro com Michel e Linda, minha querida ex-secretária. Os dois vivem em Bruxelas há alguns anos e têm dois filhos, Luka e Janot. A família veio toda ao meu encontro, demos uma volta de carro e fomos até o Forest National, onde o show aconteceu naquela noite, em 29/06. O show foi bacana, mas o local não era tão bom quanto o de Amsterdã — estava mais para uma espécie de Maracanãzinho —, mas o público era muito caloroso!

Saímos de lá e fomos jantar num restaurante italiano muito bom chamado Osteria Agricola Toscana, com produtos de fabricação própria, como massas, molhos, pães... No show estavam o príncipe Willem Benoit Baudouin e sua esposa. Também estavam lá pessoas da nossa Embaixada e o Embaixador da Itália na Bélgica. No dia seguinte deveríamos deixar Bruxelas de ônibus, mas uma greve nos portos da França, Bélgica e Holanda nos impediu de atravessar o Canal da Mancha. Tivemos que fretar um avião para chegarmos a Londres. Descobri, ao pousar no aeroporto de Luton, que a imigração da Inglaterra é quase tão chata quanto a americana.

Chegamos ao hotel já bem tarde. Os artistas ficaram no belíssimo Rosewood, onde Flora, Gil e eu já havíamos nos hospedado. Andréa, Tino, Andréa Chieli e eu ficamos em outro, nas proximidades, tudo em High Holborn. O show aconteceria no dia posterior. Saí com Flora pela manhã e caminhamos por uma hora até New Bond St. para irmos à papelaria Smythson, onde trabalhei quando morava em Londres. Apresentei o lugar à Flora, que desde então só faz seus cartões de visita lá. Além disso, passamos pela loja de Issey Miyake. Vimos duas camisas lindas para os rapazes, muito chiques e que não precisavam ser passadas. Flora as comprou e eles adoraram.

Voltamos para o hotel e, pouco depois, saímos para a passagem de som. O trajeto de Holborn até Hammersmith levou mais de uma hora, e o show aconteceria no belo teatro Eventim Apollo. Ao chegarmos, encontramos PedroD-Lita, André Camara — fotógrafo que já fez uma turnê conosco — e Deborah Cohen, que foi a *tour manager* da turnê Tropicália Duo que fizemos em 1994. Uma festa!

O show foi lindo e emocionante, e acabou com eles cantando *London, London* e *Three Little Birds*, com um coro geral da plateia. O show foi bem confuso, pois a equipe do teatro era bem chata e dificultou a entrada de nossos convidados ao final. Não vimos Mario Testino, Catharina Johannpeter, Luciana Rique e muitos outros. Andréa Dellal conseguiu entrar e nos convidou para jantar no restaurante do hotel Chiltern Firehouse, lugar bem transado e interessante.

O dia seguinte foi de tensão, cheio de compromissos. Gil foi fazer fotos para um calendário da Hear the World Foundation, que cuida de projetos para deficientes auditivos e é patrocinada pela Sonova, grande fabricante dos fones de ouvido usados por Gil. Quando a Elena Torresani, da fundação, chegou ao nosso hotel para nos buscar, disse: "O fotógrafo Brian Adams também chegou hoje de viagem". Eu comentei: "Nossa, quando eu trabalhava na Polygram, fiz divulgação de um artista canadense com esse nome". E ela respondeu: "Pois é ele mesmo. Além de músico, é um superfotógrafo. Ele fotografa nossos calendários anuais há dez anos!".

Fomos para o estúdio dele em Chelsea, muito lindinho. A sessão foi rápida e ele já fotografou para o próximo calendário Eros Ramazzotti, Tina Turner, Wim Wenders e Plácido Domingo. Depois, Caetano e Gilberto foram fazer um programa para a BBC, chamado Black Cab Session, que é um barato, pois é todo gravado dentro de um dos tradicionais táxis pretos londrinos.

Antecipamos essa gravação, pois precisaríamos ir mais cedo para o aeroporto, visto que o trânsito da cidade estava bastante congestionado. Saímos com quase quatro horas de antecedência, mas, durante o percurso, a equipe responsável pela gravação da turnê para um futuro DVD resolveu ir para o sul da cidade na intenção de filmá-los na porta da casa onde viveram em Chelsea! Resumindo: só não perdemos o voo para Lyon (que não tem muitos voos de Londres), porque houve um atraso para a decolagem.

Chegamos a Heathrow botando a língua para fora com toda nossa bagagem, e a atendente da British não se apiedou com os meus apelos enquanto eu dizia que aqueles moços tinham show no outro dia e que não podíamos perder o voo, blá-blá-blá. Finalmente ela nos deixou embarcar. Chegamos a Lyon, mas as nossas bagagens, não. Fui ao setor de reclamações com Andréa e nos prometeram que viriam no primeiro voo do dia seguinte o que, de fato, aconteceu.

Vienne fica a 48 km de Lyon e já fizemos vários shows lá, no maravilhoso Théâtre Antique de Vienne, todo de pedra, da época dos romanos! Fazia um calor alucinante e o teatro toma sol desde o amanhecer até as 21h. Na hora do show, o calor era quase insuportável.

Nessa noite, se apresentava também Chucho Valdés, grande pianista cubano com quem nos encontramos no hotel (fiz a divulgação dos shows dele com João Donato no Brasil), mas nem ficamos para vê-lo, porque a cozinha estrelada de nosso hotel — La Pyramide — ia ficar nos esperando até 23h30. Os rapazes saíram com a roupa do show e comemos divinamente bem no bistrô do chef Patrick Henrirroux, cujo restaurante principal tem três estrelas Michellin. Tentei fazer uma reserva lá com uns dez dias de antecedência, mas não consegui.

Voltando ao show: foi dos mais bonitos que vi na vida, e os amigos Evelyne e Jean Michel Lecomte, e Nancy Ypsilantis —

jornalista greco-americana, radicada na Suíça e que conheço há anos de Montreux — concordaram comigo. Nancy tomou o trem em Genebra e em três horas estava em Vienne. Foi muito lindo e foi todo filmado. Espero que possamos aproveitá-lo para o nosso DVD.

No dia seguinte, saí com Flora e Andréa para uma volta e comprinhas, voltamos para o hotel, almoçamos e deveríamos sair às 15h45 para tomarmos o trem rápido (TGV) para Paris. Recebemos, porém, o aviso de que a estação central de Lyon estava fechada por suspeita de bomba! Impressionante nessa turnê como quase todas as nossas saídas foram tumultuadas por uma razão ou por outra. Depois de estudarmos várias alternativas (nesse dia estávamos mais tranquilos, pois o próximo show só seria dali a dois dias, então tivemos um dia livre em Paris), nos deslocamos para outra estação, embarcamos e fomos felizes para Paris, sonho, poesia e romance em forma de cidade!

Capítulo 2

Turnê Dois Amigos, Um Século de Música — Diário 2 (Europa, 2015)

Chegar a Paris é sempre uma emoção, e gosto mais ainda de chegar de trem, nas gares, o tipo de lugar que me faz pensar em meu pai! Foi em Paris que vivi anos muito felizes de minha vida e onde começou meu casamento com Vinícius!

Pois bem, chegamos à Gare de Lyon umas 19h com o dia ainda claro, e o trajeto foi ótimo. Passamos pelo Jardin des Plantes, o Institut du Monde Arabe, Notre Dame, a Chambre des Deputés e o Musée d'Orsay Invalides, atravessamos o Senna e Petit e Grand Palais, até subirmos a George V e chegarmos ao hotel Fouquet's Barrière, na esquina com a Champs Elysées, em cima do mais célebre café da Rive Droite!

O hotel é luxuoso, confortável, mas de gosto um pouco duvidoso. OK para as nossas necessidades de descanso. Tomei um banho e Flora me avisou que ia tomar champagne com os amigos cearenses Claudio e Renata — que foram também ao show de Londres —, suas filhas e Paulo, irmão de Claudio. Fiz o que precisava e fui ao encontro deles que, inadvertidamente, sentaram-se numa *terrace* na calçada da Champs Elysées onde furtaram a bolsa de Flora, uma bela Channel. Felizmente o passaporte dela não estava na bolsa nem havia dinheiro, mas estavam lá vários cartões de crédito, fotos de família, contas de candomblé, entre outras coisas.

Chamamos o gerente, que não fez nem cara de espanto e nos aconselhou a ir dar parte na delegacia — havia uma bem próxima no Grand Palais. Lá fomos nós e para nosso espanto havia um bom número de pessoas, quase todas estrangeiras, prestando a mesma queixa. O policial me disse: "Madame, passam por dia entre 60 mil e 100 mil pessoas pela Champs Elysées e somos cem policiais aqui. A cidade está repleta também de ladrões que se aproveitam dos turistas incautos!" Em resumo: ligamos para cancelar os cartões de crédito e, com o boletim de ocorrência, Flora poderá pedir ao seguro dos cartões pressa e ressarcimento caso alguém os use (um deles não tem senha e basta assinatura). A bolsa em si e a carteira Louis Vuitton já valem uma baba. Depois disso fomos com os mesmos amigos cearenses, além de Andréa e Tino (da equipe de Caetano) comer onde foi possível àquela altura, quase uma da manhã. Achamos um restaurante na Rue Marbeuf, pertinho do hotel. Tomamos champagne e Claudio prometeu dar uma bolsa da mesma grife para Flora. Assim ele fez!

No dia seguinte, tivemos um *day off* raro na turnê. Acordei e fui andando a pé até a Medalha Milagrosa, de onde segui para a casa de Marília, pois tinha roupa pra lavar. Fiz duas máquinas de roupa, encontrei Vera Levy, diplomata que viveu anos em Paris e hoje está em Zurique, e ficamos de papo. Fomos almoçar numa *brasserie* ótima perto da casa de Marília e depois fomos de carro levar Vera na Gare de Lyon. De lá fomos à casa de Nicole onde nos esperavam Carine, sua filha, que vive em Patmos, e Vera Platero, que fazia parte do BB Paris desde os tempos em que meu irmão se mudou para lá!

Ficamos de papo, tomamos champagne e Marília foi me deixar no hotel. No outro dia, fui ao BB (pertinho do hotel, na Av. Kleber) ver como iam as coisas, para em seguida tentar resolver pendências de convidados, pois tínhamos 35 pessoas para vinte convites! Paris é sempre o pior lugar para convidados, que são muitos!

Depois de muito estica e puxa, conseguimos atender a todos (comprei dois ingressos para Nicole e Carine; Marília e Vera, além de Edgard e Claudine, já tinham comprado os deles) e convidei Philippe Baden para entrar por trás conosco, mas ele e a filha Rafaella não puderam ir.

O show foi maravilhoso e contou com uma mini apresentação da Chiara Civello (jovem cantora italiana muito ligada ao Brasil). O Palais des Congrès estava mais bonito do que nunca. Depois fomos convidados por Thierry Costes, dono de mais de oitenta restaurantes na França e casado com a bela Constança, filha de Lilibeth, para jantar no George, restaurante na cobertura do Beaubourg, de onde se vê Paris de grandes e fantásticos ângulos. Fomos todos da nossa equipe e ainda alguns convidados como Giovanni Bianco, Edgard e Claudine, Claudio, Renata e Paulo, Bela e JP, Lilian Pace, Malu e Vicky Muniz, Candé Salles e suas modeletes, e outros amigos de Thierry e Constança. Foi uma noite abençoada pelo show maravilhoso, pelo encontro com os amigos queridos, pelo jantar nesse lugar mágico! Esqueci de mencionar que Jane Birkin estava na nossa plateia e foi falar com os rapazes depois.

Em todas as cidades, temos contado com a presença dos presidentes e/ou diretores de marketing da Sony Music, que está esperando ansiosa o possível lançamento do DVD/CD desse projeto. A Chiara Civello fez algumas versões de clássicos da nossa música, e a versão de Volta (Lupicínio Rodrigues) em italiano ficou ainda mais bonita! *Torna, viene a vivere ancora con me...* Linda! Voamos para Copenhagen no outro dia. Tomei café com Chiara e a chamei para uma boa caminhada, novamente até a Medalha Milagrosa, que ela não conhecia. A manhã estava linda, com sol, mas não muito quente, perfeita para a caminhada. Ela adorou conhecer o local e comprou medalhinhas para levar para a mãe e a avó! Acompanhei seu gesto e comprei medalhinhas para Flora e Andréa. Também fiz pequenas comprinhas e voltei a pé com o tempo certo para um banho antes de sairmos para Charles de Gaulle, de onde partimos às 21h, chegando quase duas horas depois em Copenhagen. Foi hotel e cama.

A cidade estava bela como sempre, mas com um verão inacreditável de tão frio! Saí com Flora, Andréa e Tino no outro dia. Fomos até a área comercial para conhecer a loja incrível da Lego (invenção deles) e para umas comprinhas básicas. À noitinha, fomos ao teatro DR Koncerthuset, espetacular. Caetano foi passar o som e o show foi dos mais lindos da *tour*! Tínhamos na plateia Cecile, uma cellista que concorreu para ser *protégée* de Gil no projeto da Rolex Mentor & Protégé há dois anos (quem levou foi a cantora/percussionista egípcia Dina El Wedidi, que vai nos encontrar em Montreux), Finn Nielsen, escritor e poeta dinamarquês, e a atriz Marina Provenzzano, que fez o novo filme de Cacá Diegues, *O Grande Circo Místico*.

Depois fomos jantar num lugar esquisito, convidados pelo promotor local, mas a comida era interessante, meio Felipe Bronze, muito leito disso, nuvem daquilo..., mas gostoso. A manhã seguinte acordou chuvosa. Fiz esteira no hotel e saímos às 15h para ir para Milano (Malpensa), de onde seguimos de carro até Torino, cidade bonita, mas estranha, com fama de ser um grande centro de magia negra, assim como Londres e Praga! Nosso hotel, da rede NH (Carlina) era uma graça. Deixamos as malas nos quartos e descemos para jantar com nosso querido Ettore Caretta. O jantar foi divino e comi o famoso prato local, *vitello tonnato*, que consiste em fatias finas de vitela com um creme de atum (parece estranho, mas é uma delícia). Tomamos um vinho do Piemonte e dormi o sono dos justos.

Saí com Flora, Andréa e Tino no dia posterior, em busca de suco natural para Caetano. Vimos colados em um poste alguns cartazetes falando que Caetano e Gilberto eram cúmplices do *apartheid* israelense! Temi que acontecesse alguma manifestação na hora do show, pois o cartaz convocava para o show, mas felizmente nada houve e acho que serviu de propaganda. O local do evento, que ficava em Chieri, na periferia de Torino, comportava cerca de 2.700 pessoas e a polícia local garantiu que havia mais de 3 mil pessoas ali. Apenas na passagem de som surgiu um gato pingado com a bandeira palestina e Gil, com a classe habitual, chamou para perto do palco e parou a passagem para conversar com ele. Os argumentos foram muito bons, pois o cara sumiu e na hora do show nada houve a não ser a vibração da plateia. Quem apresentou o show lá foi o famoso Carlo Petrini, inventor do conceito de *slow food* e que é reitor da faculdade de nutrição de Alba. Ele já conhecia Flora e Gil, que são seus fãs; estavam lá, para nossa alegria, Mavi e Bruno Fieno, donos do Eataly, que já está em São Paulo, onde faz tanto sucesso quanto no resto do mundo. Também estava lá Gail, ex-mulher de Ettore, que nós amamos e há anos não víamos.

Após o show, comemos no Eataly de Chieri com Mavi e Bruno, então seguimos de carro para Milão, onde chegamos no super--moderno hotel Magna Pars. Minha amiga Marlene Gomes, dona do restaurante Don Juan, de carne argentina (considerado a melhor carne da cidade!), veio almoçar comigo no hotel e me fez experimentar uma iguaria incrível que deu uma estrela Michelin ao chef do restaurante do hotel. Trata-se de um ovo cozido dentro de um saco de papel celofane, acompanhado de creme de leite com parmesão e trufas brancas e negras. Um verdadeiro manjar, tanto que no dia seguinte comi de novo e recomendei para Caetano, que também amou! Em seguida, saí com Gil para passar o som na fantástica Villa Arconati, que fica meio fora de Milão e é uma mansão decadente, mas com jardins fantásticos onde acontecem os shows. Já na chegada encontramos George Benson, que abraçou Gil com carinho, disse ser seu fã e que queria ver o show da plateia para sentir a energia! O produtor local era ninguém menos do que Titti Santini, um de nossos primeiros promotores na Itália!

Fiquei sentida por Sabrina e Giorgio, meus "irmãos" de Milão, não poderem ir. A mãe de Giorgio, de 93 anos, estava muito mal em Verona. O show aconteceria em um fim de semana, quando estariam com ela. Os outros amigos que contava rever, Massi e Verde Visconti (ele produtor de cinema, e ela diretora da Prada) estavam fora. Fazia um calor absurdo e os mosquitos no local do show me devoraram! Marlene e Giorgio, do Don Juan, como costuma acontecer, não puderam ir por conta do trabalho. Tentamos nos organizar para ir jantar com eles, mas a cozinha boa na Itália fecha às 23h, no máximo. Jantamos na própria Villa Arconati e voltamos para o hotel.

Dia 12, domingo, viajamos para Barcelona, onde chegamos às 21h30. O hotel, Arts Barcelona-Ritz Carlton, era imenso e desorganizado, com serviço péssimo como costuma acontecer em hotéis grandes demais. Tinha três torres de trinta andares e um movimento louco de elevadores. Lá encontramos Tom, filho de Caetano, com sua banda Dônica, e conseguimos todos ir jantar — na verdade, como dizem os espanhóis, *tapear* (beliscar várias delícias) — e tomar um vinho. Na manhã seguinte, fiz uma reserva no 7 Portes, restaurante mais antigo de Barcelona, com quase duzentos anos, em que sempre íamos. Enquanto Gil passava o som, fui com

Flora procurar a loja da Apple e encontramos uma baiana na rua que nos levou até lá. O Gran Teatre del Liceu, um dos mais bonitos que vi na vida (só perde para o Palau de la Musica Catalana, também em Barcelona) era impressionante. Já do lado de fora, na Rambla, estava cheio de gente.

Pois bem, voltamos e logo chegaram Bela, JP e Flor com Analice, amiga e comadre de Bela. Tínhamos poucos convidados, entre eles Nara, filha de Rafael Lontra, que está estudando lá. Para mim, foi até aqui, o melhor show da turnê, com um público extraordinário!

Terminado o show, rumamos para o 7 Portes, onde comemos amêijoas maravilhosas e uma *paella* de babar. Para completar, pedimos crema catalana (*crème brûlée*) e várias colheres. Uma delícia!

Haja esteira para tentar amenizar o prejuízo. Fiz um almocinho leve no hotel, tive trabalho na recepção (à exceção dos artistas, tivemos que deixar os quartos cedo) e fomos voar para Genebra. De lá, carro para Montreux, onde chegamos muito tarde no Fairmont Le Montreux Palace. Logo de cara encontramos Quincy Jones em cadeira de rodas (depois vimos que ele ainda anda, mas para ganhar as distâncias em Montreux, onde se faz quase tudo a pé, usa a cadeira) com a cunhada Gloria, nossos velhos conhecidos de LA. Encontrei também na entrada Marta e Mazzola, ele criador da noite brasileira no Festival de Montreux, e de quem fui assistente de produção por três anos. Fomos para o quarto de Andréa e Tino tomar um vinho e comer *foie gras*, frios, etc. Capotei por lá. Acordei com Tino na cama ao lado (Andréa tirou a chave do meu bolso e se jogou no meu quarto).

Fui para o meu quarto tomar um banho e dar umas voltas com Andréa. Fizemos poucas e boas compras! Depois encontrei Flora e Gil, fomos passar o som e Flora ficou no restaurante do nosso hotel com Carla Perez e Xandy, Sueli Araújo (HP) e o marido.

Minhas amigas da Suíça — Lucianita Farah, Patrícia Azambuja e Nancy Ipsilantis — não estavam na cidade! Terminada a passagem de som, encontramos Dina El Wedidi, nossa amiga egípcia, e fomos todos (Gil foi descansar) para o chalet Picotin, casa lendária de Claude Nobs, criador do Festival de Montreux em 1969 e amigo dos brasileiros (e americanos, africanos etc.). Desde a sua morte, dois anos antes, o lugar tinha virado a Foundation Claude Nobs, contando com as várias coleções dele — mais de 50 mil LPs, trenzinhos de ferro, *juke boxes*, navios, soldadinhos de chumbo e outras relíquias, como o piano de cauda de Fred Mercury e os sofás da casa de Michael Jackson. A vista lá de cima é indescritível, com a cadeia de montanhas, o lago em baixo... de tirar o fôlego. Ainda por cima tomando vinho rosé geladinho, comendo *fondue* no jardim e um almoço maravilhoso com saladas, carne de veado e *raclette*.

Descemos com nossos amigos, e às 21h saímos do hotel para o Stravinsky Hall. O show teve abertura de Maria Gadú, que agradou bastante, mas os nossos rapazes fizeram uma apresentação arrasadora. Depois do show fomos comer com Quincy e a *entourage* dele. De nossa parte foram Flora, Gil, Ettore e eu. Lá Quincy ofereceu um fone de ouvido e uma pulseira de prata para Gil e deu a Flora e a mim uma pulseira, também de prata, com plaquinhas com os símbolos de todas as religiões! Subimos correndo, tomamos uma chuveirada e partimos com nosso ônibus para Perúgia. Estamos agora a 100 km de minha terra italiana!

Capítulo 3

Turnê Dois Amigos, Um Século De Música — Diário 3 (Europa, 2015)

Chegar em Perúgia, como em Paris, é sempre emocionante, porque em ambas vivi momentos inesquecíveis, com direito a grandes amores — inclusive o maior deles, Vinícius! A chegada foi tumultuada, porque o motorista alemão tinha um GPS louco e errou a estrada três vezes. Como sempre, paramos o ônibus fora do centro histórico, pois ele não "cabe" nas ruelas da Perúgia etrusca. Paramos no hotel da equipe e as vans do festival nos levaram ao Brufani, hotel tradicional da cidade. De imediato, encontramos Giacomo Pellicciotti, jornalista do La Repubblica, com sua esposa, Grazia; Marco Molendini, querido amigo e crítico de música do Il Messaggero, acompanhado de Lorenza, e logo chegou Francesco, meu "filho" italiano, com quem tínhamos combinado de jantar no Altromondo. Esse restaurante fica atrás do Brufani, fora do circuito turístico, onde comem famílias peruginas, e tem uma comida inesquecível. Marina (minha filha) e Zeca (filho de Caetano), comeram lá quando eram pequenos e durante anos se lembravam do bife à milanesa, da massa e da gentileza dos donos! Fomos Flora, Gil, Ettore e eu do nosso grupo, e dos Lucianis, minha família, foram Francesco, Augusto (o pai), Fausto, Tommaso com Cristina, sua bonita mulher, e Ana, irmã de Augusto e Benedetta, cuja filha já se hospedou comigo no Rio. Ainda encontramos o amigo Aldo Brizzi, músico (e musicólogo) com um dançarino hindu que se incorporou ao nosso grupo. Comemos divinamente, como sempre, o papo gostoso de gente fina, elegante e sincera, e a alegria do reencontro!

No dia seguinte, tomei café com Ettore e Roberta, sua esposa, que veio ao nosso encontro. Logo depois me ligam os queridíssimos Sabrina e Giorgio Vigna, que vieram de Milão para nos ver e ao show. Estavam na estrada. Fui ao escritório do Festival, encontrei Carlo Pagnotta, idealizador e diretor do Umbria Jazz, me credenciei, peguei Flora, Gil, Ettore e Giacomo Pirazzoli — pretendente de Maria Gil e gente boa! Almoçamos com ele no La Taverna, onde nos encontrou Molendini, Francesco e logo chegaram Sabrina e Giorgio para o cafezinho. Como Giacomo é arquiteto e Giorgio designer, logo se entenderam. Adoro fazer esse *network* entre pessoas e ver que dá certo! Voltamos para o hotel para mais um banho, pois fazia 40 graus em Perúgia! Você lavava uma roupa, botava na janela para secar e depois de alguns minutos estava tudo seco, esturricado!

Saímos às 17h30 para a passagem de som na Arena Santa Giuliana, que estava fervendo, pois toma sol direto! Os 3.800 ingressos estavam quase esgotados e ainda tínhamos convidados para chegar, como Luca, marido de Alejandra, com o irmão Simone; Giada Colagrande, acompanhada de uma amiga, pois seu marido, o ator Willem Dafoe, estava filmando na China; e Chiara Civella com a mãe. Uma alegria enorme ver tanta gente querida reunida, vibrando com o nosso show e com o fato de mais uma vez estarmos juntos!

Encerrado o show, retornamos para o La Taverna, onde havíamos reservado mesas para o nosso grupo e amigos. Foi ótimo e experimentei um ravióli com tartufo branco de comer rezando. O vinho umbro também é uma beleza, tanto os brancos de Orvieto quanto os tintos em geral! O show foi considerado, num ranking que estou fazendo com Tino, o terceiro melhor da turnê. Na ocasião, a ordem da lista era:

1. O show de Barcelona;
2. O show de Paris;
3. O show de Perúgia;
4. O show de Vienne;
5. O show de Udine;
6. O show de Montreux;
7. O show de Londres;
8. O show de Bruxelas;
9. O show de Copenhagen;
10. O show de Milão;
11. O show de Torino;
12. O show de Amsterdã.

No futuro, faremos uma atualização, pois Madrid entrou forte para concorrer!

Mais uma partida: agora de ônibus, para Udine. O ônibus e a viagem desde Barcelona ficaram mais animados com a presença de Tom Veloso e seus companheiros da banda Dônica, todos ótimos meninos e supermusicais. Eles amaram Perúgia e adoraram saber que quando eu tinha pouco mais do que a idade deles, vivi lá! Udine era uma cidade morta quando chegamos tarde da noite, embora fosse sábado. O hotel era bem chinfrim, tipo hotel em São Lourenço ou Caxambu, que já teve seus dias de glória. No domingo acordei e fui dar uma volta, e não acreditei em como a cidade continuava morta! Felizmente descobrimos um restaurante ao lado do hotel Al Gelso, que era excelente. Simples, mas com comida italiana da boa, com presunto San Rafaelle (acho melhor do que o Parma), massas e peixes ótimos! Comemos lá os dois dias que passamos na cidade.

O show aconteceria no domingo, em Codroipo, na Villa Manin. O lugar era lindo, mas parecia que não teríamos público! Ledo engano: o povo começou a chegar e tomar conta do gramado interno da Villa, que nos serviu de camarim. Max de Tommasi apresentou o show e aproveitou para entrevistar Caetano e Gilberto no camarim. Nossa querida Fiorella Amico, viúva de Giani, foi e adoramos vê-la. Também compareceu ao show Menachem Gantz, jornalista israelense tão louco por MPB que fala português e já havia entrevistado os dois várias vezes. Estava também Alina Slonim, nossa amiga israelense de NY cujo irmão Rely e a cunhada Clemy moram em Trieste, pertinho de Udine. Foi uma festa no camarim, e depois comemos no restaurante da própria Villa.

Na segunda-feira voamos para Madrid com atraso, pois era Iberia, talvez, a pior companhia aérea que conheço! Chegamos em Madrid durante a tarde e nosso hotel, Santo Mauro, foi para mim o melhor de toda a turnê. Chique e despojado, funcionários solícitos e eficientes na medida certa e tudo muito bonito.

Na terça-feira, reforcei o convite a nossos queridos Laura Garcia Lorca, Sofia e Ines Lopez Quesada, Carlos Galilea, Pedro Almodóvar, Lola, Esther y Paz – todas da El Deseo — Fernando Trueba, Chema Prado e Marisa Paredes, Miguel de Casas com Ines e Federico, e Inês Motta, nossa produtora em Portugal, que veio conferir o show em Madrid. Depois fui com Flora e Andréa ao cabelereiro. Descobri que esse bairro do hotel — Justicia — é uma espécie de Soho de NY, e as queridas Sofia e Ines, nossas gêmeas, moram e trabalham nele (a galeria de Ines, Travessia Cuatro, uma das mais badaladas de Madrid, fica lá). Do cabelereiro, fomos ao

CAPÍTULO 3 —TURNÊ DOIS AMIGOS, UM SÉCULO DE MÚSICA 31

El Corte Inglés, voltando a tempo de pegar Gil e seguirmos para o belíssimo teatro Real, que ainda não conhecíamos. Como o teatro é do governo e tem mil restrições para a entrada nos camarins, resolvemos fazer uma festinha num local bem badalado na Gran Via — o Museo Chicote — e avisamos aos convidados que os artistas sairiam do palco direto para lá. Foi ótimo e todo mundo confraternizou e se divertiu bem. Chema e Marisa levaram o irmão dele, Benigno, e a mulher, Maria Eugenia — em casa de quem estive com Caetano na época da turnê Fina Estampa. Apareceu lá também Javier Cámara, ator que adoro e que trabalha muito com Almodóvar!

As gêmeas ficaram felizes por reencontrarem Caetano, que não viam há muito tempo. Caetano e eu conhecemos as duas 13 anos atrás, em Granada, quando tinham acabado de sair da adolescência. Ines já namorava Tanis Garcia Lorca, com quem ela se casou e tem dois filhos; Sofia casou mais tarde com o charmosíssimo arquiteto Gonzalo. Elas já estiveram comigo no Brasil — Inês foi há uns quatro anos à feira de Arte do Rio com sua galeria.

Que coisa boa rever amigos tão queridos e que vemos tão pouco! Elas também já estiveram na casa de Flora e Gil no Rio e adoraram reencontrá-los. Finda a festinha, fomos dormir, pois viajaríamos para Monte Carlo, via Nice — não sem antes almoçarmos, levados por Sofia, no Olivia te Cuida, restaurante de comida orgânica muito bom, também em Justicia. Miguel de Casas foi com o filho, Federico, despedir-se de nós no hotel, então seguimos para o aeroporto. Para variar, o voo atrasou bastante e passei um sufoco, pois coloquei meu celular para carregar na sala VIP da Iberia e quando chamaram o voo saímos rumo à porta 94 que ficava a uns 4 km de distância. Quase chegando lá, dei por mim que o iPhone tinha ficado para trás. Corri uma maratona para ir buscá-lo e retornei com a porta do avião quase fechando. Joguei-me na poltrona e dormi até Nice!

Adoro a Côte d'Azur também e nosso hotel em Monte Carlo, como praticamente tudo naquele lugar, era um luxo só! Hermitage, estilo Copacabana Palace. Fomos dormir e no outro dia me joguei na Zara, cheia de promoções inacreditáveis. Voltei para pegar Flora, Gil e Ettore, pois tínhamos sido convidados por Patrícia e Washington Olivetto para almoçar. A ideia era irmos ao Alain Ducasse, mas não abre para almoço; então Washington sugeriu o Yacht Club de Mônaco, um projeto deslumbrante que lembra um barco, e comemos ao ar livre. Antes de sairmos do hotel, nos encontramos com Helcius Pitanguy, Nelson Tanure e uns *jet-setters* dos bons. Todos almoçaram no Yacht também e já estavam todos com ingressos para o show daquele dia no Sporting Club de Mônaco!

Patrícia e Washington já tinham nos convidado desde antes da viagem e também já tínhamos separado ingressos para eles e os filhos assistirem ao show! Lá no Yacht, alguém nos comentou que a princesa Caroline ia assistir ao show e não deu outra. Pouco antes de começar, vieram nos avisar que ela gostaria de falar com os artistas e perguntar se era melhor antes ou depois do show. Como estávamos fazendo uma reunião sobre Israel e já estava em cima da hora, optamos por pós-show. Uma pena que Caetano, que ia seguir para Marselha logo após o show já tivesse saído quando ela chegou ao camarim. A princesa conversou longamente com Gil, lembrando do tempo que ele foi ministro, que fez o ano do Brasil na França, que cantou no Baile da Rosa, festa tradicional de Mônaco e por aí. Ela lembrou-se também de já ter conhecido Flora na casa de Bethy Lagardère em Paris.

Estavam também, além da família Olivetto e os já citados do almoço, o arquiteto Isay Weinfeld, autor dos empreendimentos dos Fasano. Batemos papo com ele, a princesa, seu filho casado com a meio brasileira, Tatiana Santo Domingo e alguns amigos jovens e lindos. Vieram falar com Gil o cônsul do Brasil na Córsega e outras pessoas.

Voltamos direto para o hotel pois viajaríamos para Marselha de carro no dia seguinte, o que foi uma ótima opção: o carro e o motorista eram ótimos, e a estrada estava tranquila. Ficamos hospedados por duas noites em um dos melhores hotéis da turnê e chegamos com tempo de sobra para ir passar o som.

O show era o encerramento do Festival des 5 Continents e foi feito no jardim do bonito Palais Longchamps, no alto de Marselha — cidade que quanto mais visito, mais gosto. Aprendi, dessa vez, que Marselha tem mais de 2 mil anos e é a cidade mais antiga da França. Por ser um porto no sul, é cheia de imigrantes, o que dá um tombo bacana. Ela tem uma certa desordem e uma animação que me agradam muito. Acho que viveria feliz lá! Passamos o som sob um sol tremendo, voltamos ao hotel Sofitel, descansamos um pouco e logo chegou a hora de irmos para o show. Ettore e seu filho Stefano (cujo apelido é Teo) foram conosco.

O produtor local era Frederic Gluzman, irmão de Olivier (que produziu Paris, Monte Carlo e Tel Aviv), casado com a brasileira Janaína. Eu não os via há uns dez anos. Lembrei-me de um festival que fiz apenas uma vez com Caetano, cujo curador era nosso querido Rémy Kolpa Kopoul, chamado Les Soirées Atypiques de Langon. O festival, contudo, não existe mais. Bem, o show foi lindo e tínhamos como convidados apenas Bebel Sued e seu marido François, um dos grandes produtores de vinho da região. Ela queria muito que fôssemos passar um dia no Castelo onde eles vivem e trabalham, mas não tínhamos tempo. Para nossa surpresa, apareceu Catherine Salvador, viúva de Henri e admiradora da nossa música. Ela comentou conosco que, em 2017, vai celebrar em grande estilo os cem anos que Henri faria, e quer que Gil participe do projeto! Perguntei se ela ainda morava na Place Vendôme e ela confirmou, mas disse que passa muito tempo na casa perto de Marselha. Comemos por lá mesmo e estava bem boa a comida do *catering*. Os camarins são tendas, mas tudo muito decente. Voltamos para o hotel e descemos nossas malas, que seguiram de carro para o hotel de Toulouse, onde dormiremos as duas últimas noites da turnê. Para o outro dia, já tínhamos reservado o Chez Michel, que segundo várias pessoas é a melhor *bouillabaisse* da região. Íamos ao Peron, onde se come muito bem e se tem uma vista do mediterrâneo espetacular, mas nos disseram que valia a pena conhecer o Chez Michel que, além de tudo, era pertinho do hotel. Assim, cancelei nossa reserva feita há tempos no Peron.

De manhã, tomei café com Flora e Andréa e fomos ao cabeleireiro para Andréa pintar o cabelo (Flora e eu já tínhamos pintado em Madrid). Demos um pulo no centro do Vieux-Port, passamos no hotel e seguimos a pé com Gil, Ettore e o filho para o Chez Michel. Realmente um espetáculo! Para começar, o menu avisa que eles não trabalham com nada congelado, nem com peixes e outros bichos do mar criados em cativeiro. É tudo comprado em frente (fica na orla, na Rue des Catalans) e tem umas travessas com os peixes *in natura* na entrada. Flora e eu dividimos um *sea bass* (*loup*, em francês, e não sei que peixe é exatamente em português) assado com coração de alcachofra e batatas cozidas de acompanhamento.

Flora logo lembrou de levar um pouco de *bouillabaisse* para Caetano, que acorda quando já não tem cozinha decente aberta. Porém, o garçom torceu o nariz quando perguntei se podia pedir uma para viagem! Ele disse que não. Tivemos pesar, pois Caetano adoraria. Nos regalamos, pois a sopa vem com duas maioneses caseiras, baguete fresca e torrada, e vários peixes dentro de um caldo delicioso (provei a comida deles, claro). Acompanhando esse banquete, pedimos um Sancerre (Pinot noir) tinto, geladinho e leve... um sonho! Escrevo agora do avião que nos leva a Madrid onde faremos conexão para Tel Aviv. Vamos viajar o dia e a noite toda!

Capítulo 4

Turnê Trinca de Ases — Diário 1 (Europa, 2018)

A *tour* começou com nossa saída do Rio rumo a Lisboa, nossa primeira parada, no dia 06/03. A cidade que tanto amamos nos recebeu com tempo muito feio, cinza, nublado e com chuva... nunca tinha visto Lisboa assim. Fomos para o Sheraton, hotel que adoramos e onde nos sentimos em casa pelo conforto sem excessos de luxo, pela gentileza dos funcionários e pela vista que se tem da cidade. São anos que ficamos lá e é tanto tempo que a relações públicas Magdalena Salinas, que se tornou nossa amiga, já está aposentada. Em seu lugar está Wanda, que também é um amor! Nessa turnê, além da Trinca de Ases — Gil, Nando e Gal — e uma equipe de 18 pessoas, nos acompanharam Paula Marinho e Miguel Pinto Guimarães, amigos queridos, e a já *habitués* de nossos *tours*, Lucinha Araújo, com sua sobrinha Fabiana. Eram todas excelentes companhias, que topam tudo na maior animação.

Nesse dia, fizemos umas entrevistas no hotel e à noite fomos jantar no Farta Brutos, no Bairro Alto, mas a comida nos decepcionou. Nos recomendaram por ter sido muito frequentado por Saramago! Dia 8, mais uma rodada de entrevistas no bar do último andar do hotel, todas muito boas, e à noite fomos convidados para jantar na casa de Carminho, a grande cantora da atualidade portuguesa. Gil foi mais cedo com Flora, pois ia ensaiar com Carminho para uma apresentação com grande orquestra que farão em São Paulo no mês de maio. Depois seguimos Lucinha, Fabiana, Paula, Miguel e eu. Foi uma delícia, e a mãe dela cozinhou um arroz de pato dos deuses com couves refogadas e salada e sobremesas deliciosas. Em tempo: a mãe de Carminho é cantora de fados e se chama Teresa Siqueira. Depois do jantar, grande cantoria com fados, sambas e até vários sambas-enredo que Carminho conhece, inclusive "Estrela de Madureira" que é um clássico na minha família!

O show aconteceu no dia 9. Fui à tarde com Gil para o Campo Pequeno (praça de touros transformada em local de shows) passar o som, que era bem difícil, e ficamos no local. O show corria bem até uma hora depois, quando notamos que Gal estava se apoiando no biombo de acrílico que usamos para separar a bateria. Uma portuguesa me disse: "Parece que a Gal não está muito bem". De fato, pedi ao *roadie* Tiago Braga que fosse até lá e ela se agarrou ao braço dele. Saiu do palco dizendo: "Estou completamente tonta e enjoada". Suava frio na testa. Auferimos sua pressão e tiramos um pouco de sangue, levamos Gal para uma sala mais privativa, e os produtores chamaram uma ambulância. A cantora foi para um hospital com Flora e Giovana, sua produtora, e outras pessoas. Avisamos a Gil e Nando, que tocaram o show e tiraram apenas Lately (de Stevie Wonder), pois não fazia sentido sem Gal. Ficamos em contato com Flora, que disse que Gal estava fazendo todos os exames possíveis. Constataram um problema gastrointestinal e ela foi medicada. Durante a madrugada, recebeu alta e voltou ao hotel. Nós, após o show, recebemos os convidados e voltamos para o hotel, onde cada um comeu algo em seu quarto, pois não havia clima para jantar.

Também faríamos show no dia seguinte, e tínhamos combinado de ir ao Belcanto, do estrelado chef José Avillez, que tem vários restaurantes em Portugal, sendo esse o top. Foi uma experiência mágica para os sentidos: paladar, visão e olfato. Algo só comparável ao francês Joël Robuchon. À tarde, passagem de som e ficamos direto no teatro. Flora foi com os companheiros ver um fado na Mesa de Frades (detestaram!) e, depois do show, fui com Gil encontrá-los no Gambrinus, que fica aberto até três da manhã. Tivemos como convidados as cantoras Teresa Salgueiro, Maira Andrade, a mãe de Carminho, os brasileiros Bernardo Lobo, Pierre Aderne, Teresa Andrade, Paula Morelenbaum, Úrsula Corona, Ricardo Dias Gomes, a escritora Inês Pedrosa, o ex-ministro da cultura José Antônio Pinto Ribeiro, acompanhando da esposa Anabela — grande jornalista apaixonada por Machado de Assis —, entre outros.

No dia 11, viajamos para Porto, onde teríamos show no mesmo dia. Mesmo assim, paramos na estrada para almoçar num lugar recomendado pelo nosso motorista. Chamava-se Pedro Dos Leitões, em Mealheira, zona dos melhores porcos de Portugal, e realmente nunca comi carne de porco mais deliciosa! Gil, que adora carne de porco, se regalou, e nós todos também. Chegamos à tarde ao Porto (Sheraton também lá), fomos logo passar o som e ficamos no Coliseu direto. Teatro maravilhoso, com o som bem melhor que Lisboa. Fizemos o melhor dos três shows em Portugal. Depois fomos jantar ao Cantinho do Avillez (do mesmo chef do Belcanto), muito bom, apesar de termos chegado com a cozinha quase fechando.

O dia seguinte era um dos poucos dias livres da turnê e fomos almoçar no nosso restaurante no Porto: Adega e Presuntaria Transmontana. Aliás, o restaurante ficava em Vila Nova de Gaia, a uma distância semelhante à de Niterói ao Rio de Janeiro. De lá tem-se a melhor vista do Porto, do Rio Douro e seus barcos, além de todas as caves de vinho do Porto. Enfim, uma comida de comer de joelhos! Todos adoraram e, após o almoço, estávamos convidados para visitar meu grande amigo e presidente do Instituto dos Vinhos do Douro e Porto, Manuel Cabral. Ele nos recebeu com a fidalguia habitual e tivemos uma breve lição sobre os vinhos da região dada por Bento Amaral, um impressionante provador de vinhos tetraplégico. Ele chega a provar sessenta vinhos por semana!

Após a visita fomos todos presenteados com garrafas do melhor vinho do Porto e com livros! Tudo muito chique. À noite, a turma saiu, mas eu não tive forças e fiquei no hotel. Saímos cedo na manhã seguinte, rumo ao aeroporto do Porto, de onde voamos para a linda Amsterdã. Chegamos com tempo nublado e meio chuvoso, viemos para o hotel (American Hotel, bem ruinzinho, mas atrás do teatro!). Almoçamos no restaurante do hotel, bem gostoso, e saí com Flora para compras. Fui à loja da Apple, pois vou trocar de iPhone, e em seguida a um mercado de produtos naturais comprar coisinhas pra Gil.

Na volta, íamos jantar no Conservatorium Hotel, que tem um restaurante espetacular onde já estivemos para, inclusive, comemorarmos o aniversário de Gil em 2015, no primeiro show da turnê Dois Amigos, Um Século de Música. Pegamos um táxi van, pois éramos seis. Gal nos acompanhou, o que nos alegrou muito, pois ela fica bastante sozinha no quarto do hotel e é uma companhia adorável. Todos gostaram e fiquei feliz, pois me lembrei desse lugar lindo e delicioso.

Agora, acabo de chegar da rua, pois está um dia de sol maravilhoso, apesar do frio. Já, já vou pegar Gil para almoçarmos no hotel e atravessarmos a rua para o teatro. Flora saiu com Lucinha e aqui não temos convidados. Os ingressos estão esgotados!

Capítulo 5

Turnê Trinca de Ases
— Diário 2 (Europa, 2018)

Amsterdã é sempre muito agradável, com suas bicicletas, seu bonde, seus canais, sua gente educada e gentil! No segundo dia, e dia do show, amanheceu um lindo dia de céu azul e sol, mas a temperatura era de 5 graus pela manhã. Tomei café com a equipe no hotel e em seguida fui bater perna. A região onde estamos é de hotéis e de teatros. Aprendi o caminho para chegar ao camarim do Melkweg e de lá fui caminhar sem rumo, coisa que adoro fazer para descobrir coisas, lugares, lojinhas etc... Andei mais do que a má fama, depois voltei para o hotel para pegar Gil e irmos passar o som.

Mesmo o teatro sendo atrás do hotel, tinha algum conforto e ficamos direto também para que Gil não ficasse saindo no frio e entrando nos ambientes aquecidos. Os ingressos daqui estavam esgotados já há uns dias e o show foi animadíssimo, com muitos jovens, muitos fãs de Nando e brasileiros. Nem pensei que tivesse tanto brasileiro aqui na região. A embaixadora do Brasil, Regina Dunlop, comprou dez ingressos e levou o Embaixador do Peru e outros convidados. Uma jornalista alemã que me pediu ingressos veio com o marido da Alemanha só para ver o show (para ela era mais perto do que em Hamburgo, para onde ainda iremos).

Depois do show, voltamos ao hotel só para fechar malas (a equipe técnica, músicos e eu) e no começo da madrugada rumo a Zurique — 840 km de estrada maravilhosa! Chegamos ao meio-dia e me deixaram no hotel Renaissance Tower, bem bom, na mesma linha do Sheraton Portugal. Distribuí as malas e visitei as suítes dos três artistas, todas boas, amplas e confortáveis. Logo me ligou Lucianita Farah, amiga que conheço desde que ela nasceu, quando eu tinha 12 anos, pois éramos vizinhas em Niterói. Ela mora há muitos anos em Genebra, onde é terapeuta corporal, uma vez que é bailarina aposentada (foi do Municipal de São Paulo e depois de Genebra). Tem dois filhos de um primeiro casamento e hoje é casada com Arno Weisse, médico naturalista. Há umas turnês, apresentei ambos a Flora e Gil, que gostaram muito do casal. Foram nossos únicos convidados em Zurique, para onde foram de carro.

Assim que Flora e Gil chegaram, fui com ela, Lucinha Araújo e Fabiana ao Hilt, primeiro restaurante natural do mundo, com um buffet tipo Celeiro repleto de coisas fantásticas, tudo orgânico, natural e variado. Comemos superbem, as meninas ficaram pela cidade e tomei um táxi de volta ao hotel para pegar Gil e irmos passar o som. Marquei com Lucianita e Arno lá e, de fato, logo que chegamos avistei o casal. O teatro era o Volkshaus, onde já tínhamos atuado. É um bom espaço, mas os camarins eram poucos, então Gal ficou com um, e Nando e Gil dividiram outro. Em compensação, o *catering* era fantástico com queijos deliciosos, pães, bons vinhos e muitos, mas muitos, chocolates suíços! Aliás, Lucianita nos presenteou com caixas de chocolate que já estão no fundo da mala!

O show era produção de Ettore que veio de Turim de carro e após o show, reservou uma mesa num restaurante bem pertinho

CAPÍTULO 5 — TURNÊ TRINCA DE ASES | 43

do Volkshaus, a Accademia del Gusto da família Piscopo, onde Gil já havia comido três anos atrás. O dono, Stefano, lembrava até a sobremesa que Gil tinha comido de tão fã! O pessoal brinca que nas produções de Ettore, o que ele cuida melhor é da comida, como bom italiano que é! Realmente quem for a Zurique deve ir ao Accademia del Gusto, pois é de primeira: comi um ravioli com molho trufado que era dos deuses. Lucianita pediu igual e também amou.

Às sete da manhã da sexta, dia 16, zarpamos com nosso ônibus rumo a Paris, melhor parada da turnê. No grupo, há três pessoas que não conheciam alguns lugares e fui os animando com relação a Paris, mas prevenindo que estaria muito frio. A velha cidade luz nos surpreendeu: oito horas de estrada e 670 km depois, nos recebeu com um sol discreto, céu azul, frio suportável e sua beleza única. Fico até com inveja de quem a vê pela primeira vez pois o impacto é grande e você se sente tomado por tanta beleza.

A turma me deixou no meu hotel, onde fiquei com os artistas e seus respectivos assistentes, e seguiu para o deles, bastante próximo. Acabaram esquecendo-se do Ivan, que havia descido para ir ao banheiro no meu hotel. Fiz o *check-in* dos artistas, encaminhei as malas e tomei um táxi para levar Ivan. Na volta, fiz o que mais gosto: andar a pé pela cidade. Em vinte minutos de caminhada passei pelo lendário Parc des Princes, campo do PSG onde brilharam Rai e Leonardo e hoje brilha Neymar. O nosso hotel, Molitor, é cercado por locais icônicos de esporte: além do PSG, tem Roland Garros do outro lado e o Hippodrome d'Auteuil!

Nosso hotel era muito original, pois trata-se de uma famosa piscina pública de Paris que foi transformada em hotel. A piscina permaneceu intacta no centro do lugar. Fui examinar os quartos e checar se as malas estavam lá. Tudo certinho, ganhei a rua novamente e fui explorar o bairro, que não conhecia. Ficava próximo ao Bois de Boulogne. Andei bastante, comprei bobagens e voltei, pois a turma chegaria no final da tarde. Flora e Gil chegaram cedo, mas foram resolver coisas, como banco e manicure — Gil havia quebrado uma das unhas de acrílico. Passaram na Prada para comprar um sapato lindo para Gil, e Flora comprou um casaco que é um espetáculo! Chegamos, nos instalamos e logo saímos rumo ao Le Stresa, restaurante que adoramos. Já vimos por lá Alain Delon, que mora nas redondezas, e até mesmo Brad Pitt. É um restaurante italiano comandado por irmãos, que cumprem todas as funções da pequena casa: no caixa, na cozinha e atendendo com atenção e cuidado os clientes! Comemos divinamente bem e fomos dormir.

No dia em que aconteceria o show, o tempo mudou: começou a chover e a nevar. Fui com Giovana até a capela da Medalha Milagrosa, aonde sempre vou. Ela queria fazer compras e foi ao Bon Marché que fica ao lado da capela. No caminho, paramos na Ponte de Bir-Hakeim (a ponte do filme Último Tango em Paris, como ficou conhecida), e Giovana fez umas fotos lindas da Torre Eiffel. Depois de assistir à missa, voltei para o hotel de metrô — acabei tomando aquela chuva com neve assim que saí da estação.

Fui ao quarto refazer as malas e saí com Gil no fim da tarde para a passagem de som e já ficar por lá. A sala do show era a nova Seine Musicale, inaugurada há menos de um ano pelos Rolling Stones. Supermoderna e bem equipada, ficava na Île Seguin, uma ilha no Rio Sena onde por anos funcionou a fábrica da Renault. Dei uma geral nos camarins e tudo estava em ordem. Depois da passagem de som, a Trinca fez umas entrevistas inclusive uma para o Le Monde (a matéria saiu ontem, maravilhosa) e depois fomos para o camarim. Mandei o carro de volta ao hotel para buscar Flora, e Gil ficou exercitando a voz. Fui comer com a equipe por lá mesmo — uma delícia de saladas, sopa e queijos!

Tínhamos muitos convidados, entre eles Marília Torres (minha "irmã" desde que fizemos a Primeira Comunhão juntas), Karmita

Medeiros (RP famosa no Rio de Janeiro e que está há vinte anos em Paris fazendo uma conciergeria top), toda a diretoria da Sacem (UBC local), Claudine e Edgard Vincensini (casal que adoro e que Gil e Flora adotaram também), Aldo Brizzi (maestro italiano que está escrevendo a ópera *Negro Amor* com Gil), os embaixadores do Brasil POC e Edileuza Reis (da Unesco). De última hora ainda surgiu Maria Fernanda Cândido, que está morando em Paris. O show foi ótimo, o camarim estava animado e de lá voltamos para o hotel, pois sairia às 7h com a galera para Luxemburgo. Tínhamos pela frente cinco horas de estrada com neve caindo o tempo todo!

Luxemburgo é daquelas belezas meio sem graça, mas felizmente o hotel Royal era ótimo. Fiz o de sempre: acompanhei a distribuição de malas e fiquei esperando a chegada dos artistas, pois o show aconteceria no mesmo dia. Fomos passar o som e ficamos no teatro: a Filarmônica de Luxemburgo. Acho que foi o melhor show da turnê, público animado, mas respeitoso. Comemos lá mesmo entre a passagem de som e o show! Naturalmente não tínhamos convidados e fui dormir cedo para revolta de Lucinha, que é a mais animada do grupo. Depois soube que ela ficou até tarde com Zoe (filha de Vânia e Nando Reis) no bar do hotel bebendo vinho do porto.

Tivemos um *day off* na segunda-feira, nada de show ou viagem. Tomei café com Giovana e fomos passear. Fiquei desapontada: tinham me dito que em Luxemburgo, por ser um paraíso fiscal, tudo seria mais barato, o que não é verdade. Constatei isso tanto pelos preços da lojas (inclusive na Apple, pois estou à caça de um novo iPhone para mim) quanto pela conversa com uma portuguesa, que me disse que a vantagem é só para aplicação de dinheiro, cujas taxas são menores do que no resto da comunidade europeia. Bem, comprei umas lembrancinhas para Marina e acabei deixando para comprar meu iPhone em Hamburgo, para onde estamos indo agora, no dia 20, em uma viagem de oito horas (escrevo do ônibus e faltam três horas para chegar!).

Hoje à tarde poderei procurar um novo celular. Já contatei Jolanda Darbyshire, que foi braço direito de Pina Bausch e ficou amiga e vem de Berlim, onde vive, para ver o show em Hamburgo. Esqueci de dizer que no *day off* de Luxemburgo fomos jantar em um restaurante italiano bem gostoso chamado Come Prima. Boa conversa, bons vinhos e boa comida. Vamos ver como Hamburgo nos recebe.

Capítulo 6

Turnê OK OK OK
— Diário 1 (Europa, 2019)

... A viagem de São Moritz para Verbier foi linda, atravessando os Alpes e com muita altitude. Fiquei até meio zonza. Thiagô é o *gourmet* do grupo e sempre nos surpreende com guloseimas deliciosas no ônibus. Sempre levamos os vinhos dos camarins (assim como água e outras coisinhas) para incrementar as viagens, e ele pesquisa produtos locais em feiras e supermercados.

Chegamos em Verbier por volta das 19h, e nosso hotel era um típico chalé alpino. A cidade estava em festa, pois no outro dia — 1º de agosto — seria a data nacional da Suíça. Já tínhamos restaurante reservado por nossos queridos Lucianita Farah e Arno. Os dois nos esperavam lá com outros amigos, Benoit e Sandy — uma libanesa supersimpática que é diretora da Caterpillar em Genebra — além de mais uma amiga da Nestlé, que já morou em São Paulo. Todos residem em Genebra e vieram especialmente para ver o show. Comemos superbem (eu comi uma raclete dos deuses).

Na manhã seguinte, dia do show, saí de manhã para minhas andanças e vi uma feirinha de produtos típicos muito bacana.

Para evitar peso nas malas e buraco no orçamento, não tenho comprado quase nada por aqui. Fomos passar o som e, embora o local do show fosse perto do hotel, achamos melhor ficar por lá mesmo, pois era confortável. O show aconteceu cedo e foi muito bom. Ao final veio muita gente falar com Gil e rolou até uma entrevista para o swiss.com, rádio/site deles.

Em seguida, fomos convidados para jantar em um local que pensamos tratar-se de um restaurante, pois eles só falavam em *chalet*. Descobrimos tratar-se de uma casa no alto da montanha, de uns suíços bem simpáticos, e a comida era feijoada! A galera caiu matando, mas fiquei com medo, pois partiríamos em uma viagem de ônibus de 16 horas para Paimpol, na Bretanha. Comi salada caprese e de folhas, e queijos. O jantar tinha pães de queijo deliciosos, caipirinha, e acabei descobrindo que a autora das delícias era uma brasileira casada com um suíço que vive em Zurique há mais de trinta anos. Ela é de Niterói e conhece vários amigos meus.

Viagem gostosa e, como as estradas francesas são maravilhosas, todos dormiram bastante. Chegamos à noitinha em Saint-Brieuc, que fica à meia hora de Paimpol, e nos hospedamos no Novotel, bastante bom e confortável. Deixamos as malas e fomos comer num pequeno restaurante familiar — o marido abria a porta e cozinhava, e a mulher arrumava as mesas e servia. Chamava-se Bistrot du Port e comi um dos melhores peixes que já experimentei na vida. Alguns músicos — José, Thiagô e Domenico — aceitaram nossa sugestão e não se arrependeram. Foi Flora quem descobriu esse restaurante em suas pesquisas na internet (além de vários outros da turnê).

No dia seguinte tomei café e saí com Flora para andar pela cidade, muito bonitinha! Flora foi ao cabelereiro e a um mercado orgânico. Às 17h nos encaminhamos para Paimpol, tudo bonito pela estrada. Não tivemos passagem de som, apenas um *line check*.

O show foi ao ar livre, com público gigante — 9 mil pessoas e muito entusiasmo. Antes do show, fomos comer no refeitório de uma escola, comida bem razoável.

A viagem seguinte cruzaria a França de norte ao sudoeste — íamos para Marciac, quase nos Pireneus e próxima à Espanha. A cidade é bem pequena, sequer tem hotel, portanto nos hospedaríamos em Tarbes, a uma hora de distância. É em Marciac que acontece o festival Jazz in Marciac, que já tem 41 anos. O prefeito da cidade é também diretor do festival, e lá é a terra do *foie gras* e do *armagnac*, dois orgulhos da França!

Ficamos no hotel Rex. A equipe do lugar nos indicou uma *brasserie* bem boa (vimos no Google) perto dali. Logo depois chegaram Marília, minha amiga/irmã de Paris, com Emily e outra amiga. Estavam em Perpignan e vieram de carro. Elas se juntaram a nós e aos filhos de Gil, e fomos todos para a *brasserie* Le 4 Temps, muito boa. Comi um filé com fritas com que estava sonhando. Também tomamos um vinho delicioso (preciso conferir o nome com Flora).

Saí cedo na manhã seguinte para bater perna. Na volta, peguei Flora e Ana Cláudia para visitarmos a rua do comércio. As duas fizeram um enxoval para Dom e Sereno, pois o preço das coisas em comparação aos do Brasil é ridículo! Voltei ao hotel para sairmos pra Marciac. Uma característica do festival Jazz in Marciac é que praticamente só trabalham com voluntários (exceto a parte técnica) e funciona muito bem. Os camarins são trailers, mas bastante confortáveis, e me fartei de comer *foie gras*. Flora, Gil e Flor foram comer na pracinha, em um restaurante chamado Le Gigot e voltaram maravilhados com a comida, desde o pão e a manteiga do *couvert* até as sobremesas.

O show de abertura era do trio do jazzista italiano Antonio Faraò, que logo quis ir ao camarim bater cabeça para Gil, de quem se disse fã desde muito cedo. O show dele foi bem bonito e o de

Gil foi inesquecível. Ele e a banda estavam endiabrados. Antes do show, rola uma apresentação em *off* realizada pelo diretor do festival, que fez todas as loas possíveis ao Gil e ressaltou o momento de "obscurantismo" que o Brasil estava vivendo. Isso tem se repetido nas matérias e nos comentários das mais diversas pessoas que se aproximam da gente. Que vergonha imensa!

Depois do show, nos despedimos dos amigos e retornamos para Tarbes, seguindo o ritual de sempre. Às quatro da manhã estávamos de pé para voltar a atravessar a França, dessa vez em direção à Alemanha — mais precisamente para Karlsruhe, no sul do país, a poucos quilômetros de Estugarda e de Baden-Baden, no topo da Floresta Negra. Estivemos na região anteriormente, mas me lembrava de poucas coisas, exceto que Lucinha Araújo estava conosco e que compramos malas aqui.

Dessa vez ficamos mais tempo. O show aconteceu no dia seguinte e tivemos dois dias de pausa. Estou até estranhando já ter dormido três noites seguidas na mesma cama. Ao chegarmos, fomos de imediato para o restaurante do hotel, que fechava às 21h30. Além disso, o *room service* funcionava no mesmo horário do restaurante do hotel. O local é bem antigo: o elevador, por exemplo, foi inaugurado em 1914!

Descobrimos algumas curiosidades que colocam Karlsruhe no topo do mundo: primeiro, a bicicleta foi inventada aqui há mais de trezentos anos; segundo, o primeiro e-mail foi mandando pelo MIT (Massachusetts Institute of Technology) para o KIT (Karlsruhe Institute of Technology). As duas escolas já eram altamente gabaritadas em avanços da *web*, em 1983. Essas e outras valiosas dicas nos foram dadas por Lila, uma baiana de Vitória da Conquista que veio estudar aqui, casou com um croata simpaticíssimo — Marc — e estão prestes a ter o primeiro filho, que vai se chamar Bem. A mãe dela era funcionária de um banco em Conquista do qual o Dr. José Gil, pai de Gil, era cliente. Mãe e filha são muito fãs de Gil!

Lila entrou em contato por meio do Instagram de Flor, que me pediu para levá-la ao camarim depois do show (ela tinha comprado os ingressos há meses e rezou muito para o filho não nascer antes, o que a impediria de ir!). Lila nos indicou vários bons restaurantes (testamos dois, que passaram com louvor). Um deles, chamado La Strada, ficava em uma espécie de Baixo Karlsruhe e passava a noite inteira aberto. Lá encaramos um carbonara depois do show, com vários membros de nossa trupe! No outro dia, almoçamos em um restaurante chinês que também foi recomendação de Lila, e que todos adoraram.

Fui caminhar pela cidade e aproveitei para visitar um centro de informações turísticas, em busca de dicas para o que fazer naquela pausa. Quem me atendeu foi um rapaz daqui, mas filho de emigrantes espanhóis, que se compadeceu demais da situação do Brasil. Ele me indicou o show de Som & Luz, que aconteceria à noite no castelo da cidade (Thiagô já sabia sobre esse programa). Combinamos de nos encontrar com Lila e Marc, que vieram nos buscar às 20h para jantarmos e irmos ao show. Antes disso, Gil deu um depoimento para o documentário de alguns brasileiros que vivem aqui na região e que abriram o show local, falando sobre a importância do forró. Como esse mundo é mesmo muito pequeno, eles conheciam Nando, meu sobrinho que morou e estudou por aqui, e que hoje é um excelente violonista de sete cordas!

Fomos só Flor e eu jantar com Lila e Marc no Dom, restaurante muito charmoso, que serviu uma carne deliciosa. Comemos muito bem e fomos caminhando até o parque onde fica o castelo da cidade. Chegamos quase às 22h e já estava bem cheio, pois o show tinha começado às 20h. Vimos um bom pedaço das imagens impressionantes que faziam parecer que o castelo ora estava desabando, ora sendo inundado e ora pegando fogo!

Hoje é o segundo dia do *day off* e aproveitei para trabalhar no quarto. Lá pelas 17h30 iremos "almojantar" num restaurante que Flora descobriu e até já reservou. Estou tentando resolver problemas com excesso de convidados em Hamburgo: os ingressos estão esgotados e temos 23 convidados para vinte convites! Em Lisboa passamos sufoco pior e conseguimos resolver.

Capítulo 7

Turnê Nós A Gente — Diário 1 (Europa, 2022)

Saímos do Rio de Janeiro rumo à Alemanha, nossa primeira parada, em 24/06. O voo tinha como destino Amsterdã e foi tranquilo: as crianças todas se portaram muito bem. Éramos muitos, pois além da família Gil *au grand complet* havia a equipe técnica, além do pessoal da Conspiração e da Amazon Prime — diga-se de passagem, todos muito gente boa. De Amsterdã partimos para Hamburgo, onde nos esperavam no aeroporto, além da produção local, Bela Gil, vinda de Ibiza, e Leo Monteiro de Barros, com Silvia. Ele trabalhou comigo há anos na Polygram e é sócio da Conspiração. Vive há muito tempo em Hamburgo, por ser casado com uma alemã.

De lá seguimos de carro para Timmendorfer, local do primeiro show de nossa longa turnê, parte do Festival Jazz Baltica. A cidadezinha é uma graça e fica à beira do mar Báltico. O hotel de Gil e Flora ficava em Lubeck, a 15 minutos de distância — uma cidade também muito bonita, terra dos melhores marzipans do mundo, segundo dizem os experts! Chegamos e fomos logo para um restaurante que nossos amigos Lila e Marc tinham reservado.

Eles foram super solícitos, pois não seria fácil achar restaurantes que aceitem tanta gente ao mesmo tempo!

Saímos à tarde com Flora e Gil para a passagem de som e vi logo que as instalações do Festival eram bem precárias. Em toda a área de camarins, o único banheiro ficava no camarim de Gil! Célia, que trabalha com Flora há anos, veio para ajudar e passou a roupa da moçada toda. Até os pequenos tinham figurino bem bonito e colorido, todos da The Paradise de Thomas Azulay.

No palco, Flora entrou levando um bolo e puxando os parabéns — o primeiro de vários. Tínhamos uma festa surpresa para Gil, que aconteceria após o show, no hotel da equipe, ali pertinho. Wellington, pai de João Gil e ex-marido de Nara, apareceu com sua suíça, Claudia. Eles moram em Zurique e não podiam faltar, pois além ser a comemoração dos oitenta anos de Gil, comemoraríamos também os 32 de João Gil — neto mais velho de Gil e que aniversariava junto com o avô. Wellington veio com um trio de forró muito bom e a Amazon providenciou um coquetel. Lila mandou fazer um bolo com a logomarca dos oitenta de Gil. Estavam ainda os amigos Paula e Pedro Sirotsky, e chegaram Marcus Elias e a esposa. O show foi ótimo e o público, muito alemão, reagiu com alegria.

Dia 27 saímos de ônibus (ainda não é o nosso superônibus, que só vai chegar em Berlim) rumo a Copenhagen, onde estamos hoje. As crianças adoraram o *ferry boat* que tomamos. Ficaremos hospedados no hotel Kong Arthur, nosso velho conhecido, muito bem localizado e com ar de casa de campo!

Dia 28 encontrei boa parte da turma no delicioso café da manhã e combinamos o que fazer nessa folga. Não tive folga, pois marquei uma entrevista de Gil com Pedro Sirotsky, feita em um barco pelos canais de Copenhagen. Muito bacana a conversa; ver a cidade de dentro d'água também valeu. Fiquei muito preocupada com o vento, pois Gil tinha show no mesmo dia e ainda iríamos para um coquetel na residência do embaixador brasileiro, Rodrigo de Azeredo Santos, e de sua esposa, Marília (colega de colégio primário da minha sobrinha Thaís, em Belo Horizonte).

O coquetel foi muito bom, mas foram apenas Flora, Gil, Nara, Marília, Fábio, Preta, JP e eu. A residência é muito bonita, com um jardim encantador cheio de rosas e hortênsias. O segundo cara da Embaixada é Carlos (de cujo sobrenome não me lembro), mas pela idade dele arrisquei e... bingo! Foi colega de turma de meu primo Juliano Feres Nascimento! Enfim, boa conversa, canapés deliciosos, bebida farta e ainda um bolo, além de mais um parabéns para Gil! Quando saímos, por volta das 21h, ainda estava claro e chegamos ao hotel a tempo de comemorar o aniversário de Mariah, mulher de José Gil, e mãe das gêmeas Pina e Roma, as maiores fofuras da turnê.

Fui ao coquetel, porque, como tinha articulado tudo com a secretária do Embaixador, Fátima, achei que deveria ir. Contudo, fiz teste de covid e deu positivo. Hoje estou me sentindo muito mal, com dor no corpo, garganta irritada, coriza... como se fosse uma gripe. O pessoal do protocolo achou que eu não deveria ir ao show, o que aceitei, bastante chateada. Estou no hotel e as únicas pessoas do grupo que também estão aqui são Nara e Lucas, que também testaram positivo! Ainda estamos em dúvida se daqui sigo com Gil para Casablanca ou se vou com parte da equipe para Berlim e espero Gil lá.

Acabo de saber que também não poderia ir amanhã para Casablanca. Nara e Lucas já estão negativados e vão fazer o show hoje. Eu já tinha até refeito minhas malas para ir para Casablanca apenas com a mala da mão. Agora eu também sigo para Berlim com eles, depois de amanhã! Muito chata essa situação!

Esse hotel é *eco-friendly* e tudo nele é reciclado, não há troca de roupa de cama todo dia. A água que se bebe está em embalagens Tetra Pak na geladeira, mas vem escrito: *Você está bebendo água da torneira da Dinamarca*. Com isso supus que a água não fosse cobrada e avisei aos marinheiros de primeira viagem. Acabo de saber que cobram vinte coroas (três euros) por cada uma! Achei um pouco *over* cobrar água da torneira. Outra peculiaridade: sobre as camas há um cartão-postal com a foto das camareiras que nos atendem e debaixo da cama há um aviso: *Fiquem tranquilos, pois limpamos aqui também e não há nenhum monstro debaixo da cama!*

Saíram todos para o show e só eu fiquei no hotel. Muito triste mesmo!

Capítulo 8

Turnê Nós A Gente
— Diário 2 (Europa, 2022)

Então saiu todo mundo para show, menos eu, de molho por conta do teste de covid-19 positivo! Fiquei bem chateada, pois o teatro aqui é o máximo — tanto que a Conspiração vai gravar o show do dia 30/06. Estava arrasada no quarto e resolvi ficar na recepção. Quando Paula e Pedro Sirotsky chegaram, me chamaram para jantar com eles no Host, perto do hotel. Foi uma experiência maravilhosa, com menu de seis pratos em porções pequenas, mas tudo muito bem feito. Experimentamos um drink local chamado *Walnut schnapps* — uma cachaça com sabor de amêndoas! Também tomamos um tinto Brunello di Montalcino e, depois do jantar, voltamos flutuando para o hotel.

Saímos cedo para Casablanca, via Paris, e tivemos um *day off* em Copenhagen, que usei para organizar as malas. No outro dia saímos de manhã para Berlim, todo mundo no ônibus e eu de carro. O isolamento foi determinado pela equipe da Amazon, que é muito cautelosa.

Fizemos ótima viagem e encontrei o pessoal no *ferry boat*, onde almoçamos comida *trash*. Chegamos em Berlim no fim da tarde.

A cidade é muito bonita e o tempo estava ótimo, fresco à noite e quente de dia. O hotel já é nosso velho conhecido Abion Spreebogen Waterside, à beira de um rio de que tenho vista do meu quarto.

Marina e eu fomos comer no restaurante do hotel, mas o pessoal é bem antipático. Pedimos um drink cada uma e dividimos um bife à milanesa. Depois de encontrarmos a galera em um restaurante nas redondezas, o Da Ponte, fomos dormir exaustas.

No dia seguinte, um domingo, procurei uma igreja. Até pensei em ir à missa, mas acompanhar uma missa em alemão seria difícil. Desisti e rezei por minha conta, agradecendo por tudo de bom que a vida tem me dado e por essa viagem ao lado de Marina e da família Gil completa, por quem temos imenso carinho... Não tem preço!

Saímos de metrô com a equipe de filmagem até a estação próxima a um trecho do muro de Berlim que virou uma galeria ao ar livre. Bem interessante, mas o calor estava insuportável e Mariá resolveu voltar com as gêmeas. Decidi acompanhá-las. A produção chamou um táxi grande para caber o carrinho duplo e viemos para o hotel. Mariá foi para o quarto dar banho em Pina e Roma, e eu encontrei Odete e Célia perdidas tentando ir almoçar — se não acham um *self-service*, fica complicado para pedir a comida. Levei as duas no italiano da véspera, tomei um copo de vinho e elas comeram muito bem, ficaram felizes.

Dia 4, outro *day off* em Berlim. Saímos com a equipe de filmagem para gravar algo com Marília no maravilhoso parque Tiergarten. De lá, fomos até o obelisco da Vitória, muito bonito e bem conservado. Eles subiram as escadas internas para ir ao topo e eu fiquei esperando em um café. Por recomendação da Amazon, ainda estou usando máscara quando saio com o grupo. Hoje chega a turma de Casablanca — soube que fizeram um show lindo e mil programas, tudo devidamente registrado para a segunda temporada da série. Também passaram o maior sufoco na ida de Copenhagen para lá: aconteceu uma greve de aeroviários em Paris, onde fizeram a conexão. Como resultado, desembarcaram em Casablanca sem malas! No fim, tudo acabou chegando, mas foi um susto danado, pois nem o equipamento nem a mala de figurinos apareceram logo. Na vinda para cá, a mesma coisa e até agora, quase na hora de irmos para o show no Haus Der Kulturen Der Welt, o equipamento ainda não apareceu.

Ontem, depois que eles se instalaram, fomos jantar no Paulaner, um restaurante bem alemão ao lado do hotel. Fiz reserva para 15 pessoas e todos gostaram muito. Todo mundo pediu bife à milanesa, de vitela ou de porco, com salada de batata. Muitos tomaram cerveja, que é deliciosa mas não é servida muito gelada. Flora, Andréa e eu bebemos duas garrafas de um excelente vinho branco Chardonnay. Até Gil tomou uma cerveja preta, de que ele gosta muito, e no meio do jantar apareceu Carlos Fernando — grande cirurgião plástico que está aqui a passeio —, meu amigo da vida e hoje também amigo da família Gil. De dia falei com minha amiga Jolanda Derbishire, que foi braço direito de Pina Bausch e vive aqui. Ela sempre nos dá boas dicas de restaurantes e vai hoje ao show, assim como Carlos Fernando.

Hoje o café da manhã foi movimentado, pois estamos todos no mesmo hotel. Foi aquela alegria tomar café com a tropa. Até Flora e Gil apareceram! Depois do café, fui dar uma caminhada com Nara. Na volta encontramos Marília, Fábio e Odete, e avistamos mais adiante Mariá, José, Marina e as gêmeas! Voltei para o hotel e fiquei trabalhando no computador, depois seguirei para a passagem de som. Ficaremos lá até a hora da apresentação.

O show foi belíssimo, muito cheio, e muito animado: Bela, que não canta, mas encanta quando entra no palco, dançando cheia de graça; Sereno, que segue sendo a vedete da família, aplaudidíssimo; no final, quando todos vão à frente do palco para agradecer, João levanta Sereno bem alto, como no Rei Leão, e ele é ovacionado! Jantamos no próprio camarim.

Em 06/07, saímos nos nossos superônibus rumo à Perúgia, em uma viagem de quase vinte horas. Atravessamos a Áustria, entrando na Itália pelo norte. Chegamos em Perúgia às 13h — e a cidade está cada vez mais linda. Havíamos reservado mesa para vinte pessoas no Altromondo, restaurante delicioso que fica bem atrás do Brufani, o melhor hotel da cidade. Todos gostaram muito da comida e pedimos o vinho que havíamos encomendado para o casamento de Maria e Giacomo.

Gil deu uma entrevista para Clive Davis, do The Times, no dia seguinte, e a Amazon filmou a conversa. Depois fui bater perna na cidade, que está cheíssima como costuma acontecer durante o Umbria Jazz. No hotel encontrei Carlo Pagnotta, diretor do Umbria Jazz — que está com 89 anos e muito bem —, Ettore Caretta, nosso agente na Itália e Marco Molendini, jornalista fã de nossa música, que já até escreveu um livro sobre Gil e Caetano! Marco fez uma apresentação de seu novo livro sobre músicos de jazz italianos na livraria La Feltrinelli. Dei um pulo lá, e vi Lorenza Foschini, esposa de Marco, que também é jornalista.

Fui procurar uma mala para Marina, pois a dela não está dando pé, mas ela achou muito cara: 190 euros! Encontrei Flora na rua e fomos comprar roupas para Dom e Sereno irem domingo, dia 10, à celebração do casamento de Maria Gil e Giacomo Pirazzoli, que é em Città di Castello, a poucos quilômetros de Perúgia. Aproveitaram a presença da família Gil completa para unir as duas famílias num ajantarado.

No dia 8, dia de folga, fui com Flora, Gil, Bela, JP, Marina e os pequenos Nino e Sereno até a fazenda de Giada Colagrande e Willem Dafoe, que ficaram muito amigos nossos e não puderam vir ao show, por isso nos convidaram para passar o dia com eles. A fazenda é muito bonita, entre Roma e Perúgia, e estava lá ainda

Bibi, mãe de Giada — que ela sempre disse que ficaria minha amiga de infância; de fato, logo nos afinamos. Tom, neto de Willem, tinha a mesma idade dos netos de Gil e logo se entenderam: foram para a piscina, depois foram ver os animais, enquanto comíamos quase tudo da própria fazenda: berinjelas, espinafre, vagem, tomates, mozarela de búfala... Enfim, uma maravilha! À tardinha voltamos felizes para nossa Perúgia. Quem está no nosso hotel é Marisa Monte, que faz o último show de sua turnê no mesmo dia em que acontecerá o show de Gil. Está aqui com filho, mãe, irmã e banda. Gosto muito deles todos.

Dia 9, dia de show, mandei a lista de convidados para o Festival. Foi uma pena que Francesco, meu favorito da família Luciani, não pôde ir ao show, pois tinha um encontro com amigos de infância já marcado há meses. Quando eu estudei aqui em Perúgia, entre 1976 e 1977, trabalhei de *babysitter* para a família Luciani e ficamos amigos para sempre. Além de Francesco, havia também seus irmãos Rafaella, Fausto, Tommaso e Irene. Francesco não foi, mas foram Tommaso e sua prima, Benedetta, que, assim como Tommaso, já esteve hospedada comigo no Brasil. À noite, pudemos assistir ao belíssimo show de Marisa, que abriu a noite. Jantamos no local do show (tudo muito bom) e Gil fez uma apresentação esplêndida! Lucinha Araújo, nossa velha companheira de turnês, também estava em Perúgia, acompanhada de sua sobrinha, Fabiana.

O casamento de Maria Gil e Giacomo Pirazzoli aconteceu logo em seguida, no domingo. Eles já vivem juntos no Rio de Janeiro, mas aproveitaram a presença dos Gil em peso para celebrar a união com as duas famílias. Giacomo é umbro de Città di Castello, pertinho de Perúgia, e foi uma festa inesquecível. A família de Giacomo é muito gentil, e a casa deles, uma maravilha com um jardim mágico cheio de esculturas feitas pelo bisavô do noivo e onde, sob toldos, estava um *buffet* para saborear de joelhos — desde pequenos canapés até *bruschettas*, frios, *crostinis*... Logo depois serviram uma massa, que pulei, pois já tinha me enchido das entradinhas e sabia que depois viria um leitãozinho à pururuca divino. Saí de lá feliz por ver a felicidade dos noivos.

Dia 11, segunda-feira, tivemos folga. A turma foi toda com a equipe de filmagem para Roma, pois alguns não conheciam a Cidade Eterna. Dispensei o passeio, pois, se em Perúgia estava quente, imagine em Roma! Nesse mesmo dia, Lucinha também foi embora e do nosso grupo só ficamos no hotel, Gil e eu. Liguei para saber se ele precisava de algo, se ia querer sair para almoçar, mas ele disse que ia aproveitar o sossego e ficar o dia todo no quarto. Francesco, que mora atrás do Brufani, bem em frente ao Altromondo, veio me buscar de carro, como fez na véspera, e fomos almoçar com Augusto, o pai dessa turma toda que estava fora de Perúgia no fim de semana. Ele me chamou para almoçar em sua casa, em Castel del Piano, do lado de Perúgia. Foi ótimo revê-lo e encontrar Fausto.

Comemos muito bem e conversamos bastante. De tardinha, voltei para o hotel, dei uma volta na cidade e esperei a chegada dos "romanos", mas logo que Marina entrou no quarto, vi que ela tinha chorado. Logo soltou a bomba: Luizinho, meu irmão número dois, tinha falecido no Rio. Eu era muito apegada a ele, que me introduziu aos bons discos, fossem de samba, bolero, tango ou jazz. Como sou mais próxima de idade das minhas sobrinhas — ele tinha três filhas maravilhosas — acabou que Marina também ficou próxima dos netos dele. Chegava a chamá-lo de vovô Kid (esse era o apelido dele desde quando entrou para Escola Naval). Ele também era muito divertido e me ajudou a escrever meu livro. Desde que perdeu minha cunhada, a doce Lysette, em 2011, ficou meio jururu e mais recentemente teve problemas renais. Morreu justamente na clínica onde ia toda semana fazer diálise. Muito triste perder alguém tão próximo estando longe. No dia seguinte, rumamos para Portorož, na Eslovênia, lugar que ainda não conhecia e de onde escrevo essas linhas diretamente do maravilhoso hotel Kempinski Palace, que fica bem em frente à praia.

Capítulo 9

Turnê Nós A Gente — Diário 3 (Europa, 2022)

De Perúgia para Portorož foram oito horas de viagem. Paramos em um Auto Grill, um dos melhores lugares para se comer nas estradas da Itália. Depois da pausa, seguimos caminho, acompanhados de vistas lindas. Quase dá para ver Veneza! Entramos na Eslovênia e, pouco depois chegamos, em Portorož. Nosso hotel, da cadeia Kempinski, é maravilhoso. Gil já tinha se hospedado em um desses palácios em Budapeste!

Chegamos de noitinha, e Flora reservou uma mesa no restaurante Mediterrâneo daqui (pois eles têm um outro — Sophia — com três estrelas Michelin). Bento, filho de Bem, veio nos acompanhar com sua namoradinha, Maria Bela, filha de Otávio Müller! Os dois são inseparáveis e muito bonitinhos! A comida estava impecável e o vinho sugerido pela casa, muito bom! Como entrada, Gil comeu um bolo de caranguejo, e Flora pediu um tartar de atum delicioso! Nós só comemos o principal: Flora, um hambúrger vegano, Marina, Bento e Maria Bela, uma pasta com frutos do mar, e eu pedi um lagostim com salada verde e batata doce frita. Tudo maravilhoso, exceto pela conta...

Tivemos um *day off* no dia posterior, e a Amazon organizou dois passeios para o time todo. Metade foi fazer *rafting* em um rio aqui perto e outra metade foi para o lago Bled, um lugar mais do que deslumbrante onde tomamos banho. Em seguida, almoçamos no Jezeršek Bled Castle, que fica em um castelo no alto da montanha. O almoço estava impecável, já que o chef era estrelado. Ele preparou um menu fixo para nós e tudo era muito bom. De entrada, rolinhos de berinjela recheados com queijo feta, cebola roxa caramelizada e farofa de nozes; como prato principal, um robalo grelhado com purê de manjericão, a mesma cebola da entrada e, de sobremesa, uma torta de mil folhas com uns cremes poderosos.

De lá, fomos para um criadouro de abelhas. O Nino estava louco para conhecer o lugar, que é muito interessante. A proprietária fez uma visita guiada bem boa. Já no ônibus, tivemos uma guia eslovena, Ana, que falava um portunhol ótimo! Voltamos para o hotel à noite. Alguns ainda tiveram gás para ir ao cassino, o que não foi meu caso. Fiquei preocupada, pois cheguei e Marina ainda não estava no quarto. Ela chegou tarde e se jogou na cama, comigo semiacordada.

Hoje acordamos e fomos tomar café — muito bom o daqui — e depois fui à praia. Aqui paga-se para acessar a praia, mas nosso hotel tem praia própria. Além de não pagarmos, temos direito a ombrelone, duas espreguiçadeiras, toalhas e água! Uma delícia o mar, menos frio do que eu esperava, e do outro lado da Baía de Piran já é a Croácia! Fiquei pouco, pois estava com mil pendências para resolver e vim para o quarto trabalhar. Saímos às 17h30 para passar o som e já ficamos no local, o Avditorij Portorož, um espaço ótimo. Foi um dos melhores shows da turnê!

Jantamos no próprio local e, após o show, uns voltaram para o hotel e outros foram para o cassino. Gil, que não tinha comido após a passagem de som, estava faminto e aceitou o convite do prefeito de Portorož, muito simpático, nosso promotor local, Branco, velho conhecido de Liubliana, Ettore e o diretor do Jazz Festival Piran. Já era início da madrugada e comemos o que chefe nos mandou: uma sopa de lagosta (homard) e uma massa com trufas negras deliciosa. O vinho local estava muito bom também. Zarpamos na manhã seguinte para Antibes em uma viagem de 11 horas, atravessando o norte da Itália de ponta a ponta. Chegamos em Juan-les-Pins por volta das 22h e infelizmente o hotel não era o que nos lembrávamos, com praia praticamente dentro da recepção. Era um Marriot bem mais ou menos, mas central (o lugar é tão pequeno que tudo fica perto). Nos esperavam na entrada do hotel nosso querido amigo Paulo Uchoa, diplomata lotado na Embaixada do Brasil em Paris, com Christian Louboutin, criador de sapatos mais famoso no mundo, entre outros amigos. Flora saiu com eles, mas preferi ir dormir.

Ao acordarmos, tomamos café já com roupa de banho e saímos para uma delícia de praia aqui perto. Fui com Marina, Mariah, José e Andréa, e encontramos gente da Conspiração e outros do nosso grupo. Banho de mar delícia, fiz um pouco de exercício dentro d'água. No dia seguinte, fomos passar o som no palco da Pinede (uma praça cheia de pinheiros), que tem o mar mediterrâneo como cenário. Estava um calor avassalador e a TV anunciava os dias mais quentes da história da França. Após a passagem, nos encaminhamos para o terraço do 1932 Hotel & Spa com uma vista espetacular para o Mediterrâneo onde a Conspira realizou mais uma assembleia para trocarmos ideais (Flora quis que Andréa e eu também participássemos), darmos votos nos lugares já visitados e planejarmos coisas para os próximos dias. Muito interessante.

Tive pena de passarmos tão pouco tempo lá, pois nossos queridos Patrícia e Washington Olivetto têm uma casa linda na região e sempre nos convidam para banho de piscina, almoço etc.

Eles já estavam com ingressos comprados e, além deles com seus filhos gêmeos adoráveis (Antônia, que virou uma moça muito bonita, e Theo, um garoto simpaticão), nossa plateia nesse dia era superestrelada: no grupo de Paulo Uchoa, além do Louboutin, estavam Georgina Brandolini, socialite brasileira há muito reinando no *jet set* internacional, e Chiara Mastroianni, filha de Marcello Mastroianni com Catherine Deneuve — e que é uma pessoa supersimpática, ficou conversando comigo em italiano. Também estavam a deslumbrante Mariana Ximenes e, para nossa surpresa, o príncipe de Mônaco, Albert Grimaldi, que veio ao camarim cercado de seguranças. Logo quebramos as formalidades e estávamos a ponto de dar tapinhas na barriga dele, que está bem proeminente. Havia ainda o trio que abriu a noite e que veio tirar fotos com Gil. O baixista deles, Dave Holland, tocou com Miles Davis.

Comemos e bebemos nos camarins. O melhor do show foi que aqui, às 22h, ainda tínhamos sol e havia bastante gente na praia. Todos dentro d'água dançavam ao som de Andar com Fé, Toda Menina Baiana etc... Emocionante! Aliás, o público de Juan-les-Pins era o menos brasileiro até aqui. Lá estavam também os queridos Lila e Marc, que já tinham ido ao primeiro concerto da turnê em Timmendorfer. Dessa vez trouxeram Ben, o filhinho de dois anos.

Zarpamos ao meio-dia para Narbona. A viagem durou seis horas, com um calor inacreditável (felizmente, não nos ônibus). Andrucha alugou uma BMW conversível para ir filmando os ônibus na estrada. Paramos próximo a Nimes para almoçar em um Hippopotamus, uma cadeia antiga da França que é bem razoável. Comemos e seguimos viagem.

Narbona foi a segunda maior surpresa da turnê para mim (a maior foi Portorož), principalmente porque não sabia que era à beira-mar no Mediterrâneo, quase na fronteira com a Espanha. O nosso hotel, o L'Hospitalet, era uma vinícola de Gerard

Bertrand, um dos homens mais ricos da França — ele possui outras 15 vinícolas. O hotel fica dentro de um vinhedo enorme e nossas acomodações eram excelentes. Contudo, por conta do festival, o restaurante estava fechado, e a equipe do hotel sugeriu que fôssemos comer na praia onde eles têm um restaurante chamado Narbonne Plage. O lugar era muito gostoso e fui com Flora, Gil e Andrucha. Marina estava se sentindo gripada e não nos acompanhou — ficou no quarto descansando e se medicando.

No tal restaurante pé na areia provamos os vinhos do Gerard Bertrand, que eram espetaculares! Também experimentamos a sua grapa, deliciosa. Comemos coisas leves como salada Caesar com camarões e *vitello tonnato*. Gil comeu um atum grelhado e disse que estava uma maravilha. O único senão foi a nuvem de mosquitos que nos atacou logo na entrada. Mesmo passando o repelente que o restaurante nos entregou, eles eram renitentes. Estava uma noite linda e a praia tinha uma faixa larga de areia. Uma beleza. Pensei em aproveitar o próximo dia para ir dar um mergulho, mas precisei ir ao centro de Narbonne para tirar dinheiro para Flora, comprar um creme para Gil e pastilhas para Marina. Ela fez teste com a Marcela, mas deu negativo para covid -19.

Quando voltei para o hotel, nossa equipe técnica já estava trabalhando na montagem. Comi algo com eles e fui ver minha filhinha, que já estava bem melhor. A tarde aconteceu uma entrevista e uma sessão de fotos de Gil com Gerard Bertrand e outras celebridades que chegavam para a abertura do Festival Jazz a l'Hospitalet! O show foi ótimo, com plateia bem animada, cheia de brasileiros — inclusive a moça que havia nos atendido no Narbonne Plage à véspera. Ela se chama Francisca, é do interior da Bahia, casada com um oficial de Marinha francês. Ganhamos muitos vinhos e estamos abastecidos até o final da turnê, espero!

De Narbonne, saímos rumo a Genebra. Após oito horas, chegamos ao hotel Metropole, à beira do lago Léman. Tivemos tempo apenas para tomar banho e sair, pois tínhamos sido convidados para um jantar na casa de Rebecca Irving, presidente da Fundação Rolex, da qual Gil é conselheiro. Já tínhamos estado lá mais de uma vez, pois Gil tinha participado de um projeto espetacular da Fundação chamado Mentor & Protége. O projeto escolhe um artista de destaque em cada área (Música, Teatro, Cinema, Dança, Literatura, Artes Plásticas), e esse artista escolhe um novo talento já pré-selecionado pela Fundação. Gil analisou cinco candidatos e escolheu a cantora e percussionista egípcia Dina El Wedidi, que passou um ano seguindo Gil. Até ao carnaval da Bahia a moça foi e ficou deslumbrada. Até hoje tenho contato com ela.

Além do convite para jantar na casa de Rebecca, minha amiga Lucianita Farah também nos ofereceu um jantar em sua linda casa. Ela veio ao nosso hotel nos buscar e passamos na casa de Rebecca, que tem um jardim espetacular — tomamos um drink com ela e a família Gil. Chegando na casa de Lucianita, nos esperavam seu marido, Arno, e os filhos, Mailys e Antoine. A casa é uma graça e eles tinham acabado de fazer uma reforma. Tomamos aperitivo no jardim com tira-gostos sensacionais, como *viande de Grison*, uma espécie de presunto cru, mas feito de carne de vaca. Havia também queijo brie trufado, *foie gras*, algas, torradinhas, grissini... Depois passamos para a sala de jantar deles, um cubo de vidro ligado à cozinha. Arno, que comandava o fogão, nos preparou vieiras refogadas com massa ao molho de trufas e salada verde. Tudo maravilhoso! Lucianita ainda foi nos levar de volta ao hotel, mesmo não sendo perto de sua casa. Tanto Rebecca quanto Lucianita comentaram que não conhecem outro artista que tenha feito uma turnê assim, levando toda família consigo. Eu tampouco tenho conhecimento de algo assim. É de uma beleza imensa e enche o palco de emoção.

Capítulo 10

Turnê Nós A Gente
— Diário 4 (Europa, 2022)

O show de Genebra aconteceu no dia 20. Tomamos um café rápido no hotel, acompanhados de Flora e Gil. Ambos saíram com os filhos e netos, além de Marina, para visitarem o CERN, que é um centro europeu de pesquisa nuclear. Soube depois que o passeio foi um sucesso, todos adoraram! Preferi ficar batendo perna pela cidade, que é muito bonita, e comprei um vestidinho fresco, pois o calor estava intenso.

Na volta, participei de uma reunião com Flora, Ramona, Andrucha e Marina para definir os próximos passos das filmagens. Após a reunião, Lucianita, a rainha da gentileza, passou no hotel para nos buscar e darmos uma volta de carro pela cidade, para Marina conhecer. Paramos no Yacht Clube de Genebra para beliscar algo. Marina tinha almoçado no CERN, mas eu estava só com o café da manhã. O visual do lugar era maravilhoso, à beira do lago Léman. Pudemos ter uma visão geral da cidade com direito à sede da ONU, ao jato d'água e diversos barcos. Em Genebra acontece a maior regata em água doce do mundo (o lago tem 70 km de extensão).

De lá, ela foi nos deixar no hotel, de onde seguimos para o local do show. Aqui fizemos o único show gratuito, que aconteceu no Parc de La Grange — muito bonito, cheio de esculturas. Chegando no palco, vimos que já havia bastante gente, embora faltassem ainda três horas para o início do show. Passamos o som com muitos brasileiros na plateia e constatamos que não havia área VIP. Os convidados não poderiam ficar no palco, tampouco na coxia, pois já éramos muitos circulando por lá. Entrei em contato com o pai de Wladmir Brichta, Arno — que pelo nome acho que é suíço ou alemão —, e expliquei a situação. Ele foi super-compreensivo e eu disse que, após o show, o nome dos convidados estaria em uma lista na entrada dos camarins. Nosso técnico de som, Gustavo Mendes, teve um piripaque, acho que pela tensão de montar o som com tanta gente em volta e sob o calor intenso. Ligamos para o marido de Lucianita, que explicou tratar-se de uma desidratação e nos passou uma receita.

A passagem de som foi quase um show com tantas pessoas no parque (Bem disse que se fosse o Tim Maia, diria logo que não precisava fazer o show mais tarde, pois já tinha feito!). A multidão foi chegando e o parque ficou lotado com muitos brasileiros. Nossos convidados ficaram espalhados, pois a organização do festival nos disse que é de praxe não haver uma área VIP. Apenas Lucianita e a filha ficaram lá atrás conosco. Arrumei uma entrevista para a RFI (France Internacional) com os Gilsons, e fui chamando os outros filhos também para falarem com ela. Também coloquei Flor na entrevista. Aliás, fiquei muito feliz com o convite de JP para que eu fique responsável pela divulgação de Flor, que merece ter todo um cuidado, pois tem apenas 15 anos. Temos que selecionar com quem ela pode e deve falar. A jornalista da RFI foi tão bacana que, quando Gil deu um mole saindo do toalete, falou até com ele — o que eu tinha dito que não seria possível.

O show de Genebra foi, na opinião da maioria, o melhor da turnê. Tenho que concordar que foi o mais animado e com o camarim mais tumultuado, pois somos muitos dentro e fora do palco. Jantamos lá mesmo, pouco antes do show começar. Para sair de lá com Gil foi uma ginástica, já que a brasileirada correu para a entrada dos camarins e tivemos que ter batedores para o carro de Gil poder passar. A maioria dos convidados sequer conseguiu chegar até nós, tal a massa de gente pelo caminho.

Zarpamos para Barcelona à uma da manhã, um dos destinos mais esperados: os que conheciam, adoravam a cidade e os que não conheciam estavam ansiosos para vê-la. Lá nosso hotel, Eurostars Grand Marina, era enorme e confuso. Como chegamos antes do previsto, não tínhamos quartos prontos e tratamos de apressar o quarto de Gil: um excelente apartamento com direito a terraço e uma vista linda da cidade, inclusive das torres da Sagrada Família. O hotel ficava a poucos minutos da La Rambla e da Passeig de Gràcia.

Despachamos as crianças para lá para brincarem e tomar em sol, Gil e Flora se instalaram, e desci para ajudar Maria a distribuir as chaves à medida que os quartos iam sendo liberados. Aos poucos, fomos nos instalando e saí sozinha para ir ao Mercado de la Boquería, na Rambla. Como era perto, decidi ir andando, mas o calor de 40 graus me prejudicou. Se não fosse o calor devastador, a gente só andaria a pé por aquela linda cidade. Comi minhas *almejas*, que não temos no Brasil e que eu amo! Na Espanha e em Portugal, elas estão presentes em muitos cardápios. Voltei para o hotel e acompanhei Gil para a passagem de som.

O show também aconteceu em um parque lindo — chamado Jardins del Palau de Pedralbes — que já conhecíamos de apresentações passadas. Lá estavam Malu Barbosa e Paulo, além de Juliette, a quem Gil apadrinhou e que fez uma participação no show. Tínhamos muitos convidados, com destaque para os sobrinhos de Gil e Paulo e Jean Willis. Jantamos uma comida bem razoável entre a passagem de som e o show. Eu tomei uma sopa *vichyssoise*, bem geladinha, e depois comi um hambúrguer com queijo de cabra. O show foi também muito animado! Juliette e Gil cantaram juntos a música Xodó, e Sereno ficou em êxtase, já que é apaixonado pela moça! Nos divertimos com ele fazendo caras e bocas para ela. Ele até pediu à Preta que não o chamasse para dançar no palco quando ela fosse se apresentar, como já era de praxe. Preta quis saber por que e ele disse que tinha vergonha! Uma piada esse garotinho. Já Dom tem dado um show de elegância, pois sai muito com sua madrinha, Andréa, que compra roupas incríveis. Sol de Maria virou meu xodó da turnê.

Show terminado, os com juízo voltaram para o hotel e os mais jovens se jogaram em uma boate, Marina inclusive. Chegaram no fim da madrugada. Essa é a Espanha, com suas movidas! Nesse dia começaram as comemorações do aniversário de Soraya, maquiadora de Preta e ótima companheira de viagem.

Na folga do dia seguinte, saí com Flora, Andréa e Dom para o Passeig de Gràcia. Optamos pelo táxi, já que o calor era brutal. Em seguida, fomos para a Uniqlo (comprei um short e uma camiseta, tudo de um algodão excelente), de onde saímos separadamente, Flora para Mojo, Andréa com Dom para Boquería, onde encontrariam a turma que tinha ido com a Conspiração filmar na praia, e eu para a Zara, H&M e El Corte Inglés na Plaza de Catalunya, onde achei tudo que precisava: uma mala nova para Marina, minha pasta de dente favorita, uma calça de malha leve para viagem e o melhor de tudo, um salão com manicure ótima! Maria José era o nome dela. Se forem a Barcelona e precisarem fazer as unhas, corram lá. Ela é de Estremadura e ficou pasma quando contei que era amiga de Almodóvar.

Quando estava no salão, Flora me ligou. Como ela estava querendo lavar e escovar o cabelo, indiquei o lugar: ela também ficou megafeliz com a pessoa que a atendeu. O preço era meio salgado, mas minha situação era de urgência. De lambuja, desci no subsolo para fazer detax da mala e vi a farmácia onde acabei comprando minha pasta de dente. Por desencargo de consciência, perguntei pelo creme que Flora está procurando desde a primeira cidade a que estivemos. Consegui comprá-lo ali mesmo, em promoção. Na embalagem vinham também um creme para contorno dos olhos e um sérum especial. Flora ficou bem feliz quando voltei para o hotel com o tal do creme.

Depois do salão ela voltou para o hotel, pois Gil tinha acordado e queria comer algo. Eu cheguei mais tarde e depois de um banho subi para o quarto de Flora para ouvir o final da assembleia que a Conspiração tinha marcado só com Gil e os filhos. Depois, saímos todos para um jantar no 7 Portes cuja reserva foi bem trabalhosa: como tínhamos reservado lugares para vinte pessoas, o restaurante exigiu um depósito caução no valor de 300 euros, a serem deduzidos na hora de pagarmos a conta do jantar. Também queriam que escolhêssemos o que comer antecipadamente. Felizmente a maioria quis *paellas*. De entrada — ou como dizem em Barcelona, pica-pica —, pedimos *jamón serrano, pan con tomates, foie gras* com geleia de amora, *almejas*... tudo maravilhoso!

Em lugar de vinte, éramos 27: não tínhamos contado com as crianças, nem com Malu, Paulo e Marina Morena, que vieram nos encontrar. Flora teve a ótima ideia de em vez de usarmos um mesão de dois lugares, usarmos três mesas de nove lugares, o que facilitou as conversas e o serviço. De sobremesa, comi o delicioso creme catalão, que segundo eles foi a inspiração para os franceses criarem o *creme brulée*. Aliás, os barceloneses dizem também que o traçado de Paris foi inspirado em Barcelona. A conferir!

Depois do jantar, voltamos ao hotel para recolhermos nossas malas e sairmos para a viagem mais longa que faremos, até Bruxelas: serão 1.350 km de estrada, cerca de vinte horas. No trajeto, paramos para almoçar em Paris no 12eme (Bercy, bem em frente à Arena, que agora se chama Accor Arena). JP reservou mesa para doze pessoas em um bistrô bem simples e simpático. Esticamos as pernas e seguimos viagem. Finalmente, depois de muito estica e puxa, chegamos em Bruxelas às 19h30. Fiquei feliz, pois tinha combinado de jantar com Marília e Vera, minhas amigas de Paris que foram até Bruxelas para verem o show. Chamei Flora e Gil, que toparam ir jantar conosco, e Marília passou de carro para nos buscar. Fomos em um restaurante italiano muito bom chamado Dolce Amaro. Todos comeram muito bem e tomamos um delicioso vinho branco italiano, de cujo nome não recordo.

No outro dia, dei uma volta em uma feirinha em frente ao hotel (Marina comprou uma bata turquesa bem bonita) que fica na Place Jourdan. O hotel era Sofitel de que todos gostaram, com um café da manhã supergostoso. De lá, fui de carro com a galera da Conspiração para o centro, e andei a pé até a Grand-Place, que continua sendo lindíssima. Vi o restaurante onde eles iam comer *moules-frites*, típico prato belga de que não gosto muito, pois *moules* são mexilhões. Tudo foi filmado.

Depois saí com Gil para a passagem de som, no Arena 5. Preferimos já ficar por lá, pois o lugar era distante e bem esquisito. Tínhamos como cenário o monumento ao Átomo que conheci em 1974, quando fui pela primeira vez para Bruxelas. Jantamos na área de camarins, que era longe do palco a ponto de precisarmos usar uma van.

Nossa próxima parada foi Liverpool, uma viagem longa. Precisamos atravessar o Canal da Mancha de *ferry boat*, depois fazer imigração na Inglaterra, já que eles saíram da comunidade europeia. Foi um saco! Descemos todos dos ônibus, mostramos os passaportes e perdemos um tempo enorme. A travessia foi OK, embora no final tenha balançado muito. Comemos *fish & chips* e outras *trash foods* como só acontece em território inglês e chegamos a Dover já avistando de longe seus White Cliffs! Tínhamos ainda muito chão até Liverpool. Paramos na estrada para comer, mas só encontramos *trash foods*, como Subway, Burger King (muito diferente dos Auto Grills do continente). Todos estavam emocionados por conhecerem a terra dos Beatles. Eu já tinha ido à cidade quando morei em Barrow-in-Furness, mas confesso que nem lembrava direito! Ficamos no Hope Hotel, na rua de mesmo nome. O lugar era excelente e ficava bem em frente à Liverpool Philharmonic, onde aconteceria o show!

Tivemos uma folga no outro dia e aproveitamos para ir a uma barbearia em Penny Lane (citada na linda música homônima). Gil foi atendido pelo melhor barbeiro que já vimos — Ahmed, da Líbia. Por exemplo, uma das coisas que ele fazia era um método que consistia em esquentar um bastão com cera em uma das pontas e queimar os pelinhos da orelha. Tudo foi filmado! Foi tão maravilhoso que o convidamos para o show. Depois caminhamos pela rua e voltamos com a equipe de filmagem para o hotel.

À noite, Andréa agendou um show dos Gilsons no Cavern Club, local onde os Beatles começaram. A cidade vive muito em função deles e tome Strawberry Fields Forever, Eleanor Rigby etc… O show dos meninos foi lindo e Gil subiu ao palco para uma canja. Estava cheíssimo. O dono, John, pediu a Gil que voltasse no dia seguinte para colocar um tijolo com o nome dele no Muro da Fama! Voltamos para o hotel para almoçar e à tarde atravessamos a rua para passar o som.

O show foi muito bom! Gabi, que estudou com Marina no OLM e mora em Cardiff, veio com a irmã e a avó para assistir — também ficaram hospedadas no nosso hotel. Depois do show, fomos a um *pub* perto do hotel para comer e beber algo com Andrey, Ramona e Andrucha. Nossos músicos apareceram por lá também.

No dia seguinte, saímos ao meio-dia com destino a Londres, penúltima parada de Nós A Gente. Eu estava entusiasmada para mostrar Londres à Marina, que nunca tinha visitado a cidade. Chegamos às 17h e nos hospedamos no Tower Hotel, colocado à Tower Bridge e, seguramente, o pior hotel da turnê, tipo excursão da CVC! Milhões de apartamentos por andar, horários de *rush* para evitar o café da manhã, horas de espera para os elevadores... Fomos comer ali perto, no Emilia, um restaurante italiano muito gostoso em uma marina atrás do hotel. Andrucha tinha pesquisado e viu que era muito bem cotado. Foi uma luta, pois na Inglaterra tudo fecha cedo e são inflexíveis. O dinheiro foi outro problema: como saíram da União Europeia, aceitam apenas libras. As tomadas são diferentes das do resto mundo, exigindo adaptadores. Na recepção havia fila para pegá-los, e deixava-se uma caução.

Dia seguinte, fomos com Flora e Gil visitar os escritórios do Google. São lindos e ficam em Charing Cross/St. Pancras. Seria perto do nosso hotel não fosse o trânsito infernal de Londres. Rolou uma reunião em que Gil respondeu perguntas de gente do mundo inteiro. Saímos de lá, e Marina foi encontrar Pauline, prima de sua melhor amiga Nina, que mora na Escócia. Flora e Gil tomaram um chá com Nara, Marília, Maria e Bela, com tudo que tinham direito. Deveria ter acontecido na mais famosa casa de chá de Londres, a Fortnum & Mason, mas não autorizaram a gravação lá dentro. Então achamos um bar muito bonito na marina atrás do hotel e gravamos lá. Depois saímos com a galera toda em um dos típicos ônibus londrinos de dois andares. Demos uma volta pela cidade e fomos até o parque Victoria para um piquenique. Não pudemos gravar nos parques mais famosos, como o Hyde Park, o St. James Park ou o Hampstead Heath, pois são parques reais e não se pode filmar neles! Fiquei fazendo um estica e puxa com a lista de convidados: o Barbican, teatro onde o show aconteceria, é provavelmente o local mais chato e cheio de regras. Não tem jeitinho, não tem gente sentada nas escadas da plateia, não podíamos ter muitos nomes para entrar por trás. Nesse dia, chegaram em Londres Nanda Torres, esposa de Andrucha, acompanhada dos dois filhos do casal, além de Pedro Buarque. De manhã, fui com Flora e Marina a Harrods, e aproveitei para mostrar a elas onde vivi em Londres com meus amados Lurdão, Dunga e filhas entre 1974 e 76! O prédio, no 20 Basil Street, está coberto por andaimes e a portaria, toda reformada. Olhei pelo vidro e o elevador, que era do tipo gaiola, foi modernizado.

No dia do show, fiz uma verdadeira mágica com a lista de convidados. Entre eles estavam Fernanda Paes Leme, Murilo Salviano — que veio trabalhar na Globo de Londres e é um jornalista gente fina — e Cecilia Malan, correspondente da Globo — acompanhada dos pais, o ex-ministro Pedro Malan e sua esposa, que são muito amigos de Malu, a mandachuva da Prime Video. Ela, por sinal, veio acompanhada dos pais e dos filhos. Também estava lá Stefano Caretta, filho de Ettore e de Roberta. Foi um dos melhores shows da turnê, com um público superparticipativo. Os números de Preta e dos Gilsons fizeram também enorme sucesso! Foi uma alegria.

No outro dia saímos às 10h para Malmesbury, a 140 km de Londres. Chegamos e já fomos almoçar em um *pub*. A comida era pra lá de ruim e o atendimento, uma loucura. Acho que eles nunca serviram tanta gente ao mesmo tempo! Depois, fomos nos instalar e logo saímos para passar o som. O local do show, o Womad Festival, ficava a 45 minutos do hotel e era uma coisa bem hippie. Foi concebido por Peter Gabriel há mais de quarenta anos.

O show foi bom, mas o local era bem confuso. A tenda de bufê tinha uma comida bem estranha, como costuma acontecer quando é feita para uma massa de pessoas.

Voltamos ao nosso hotel e logo saímos, pois tínhamos uma viagem longa pela frente até Saint-Clément-des-Baleines, na Île de Ré, França. Ao mesmo tempo, boa parte do grupo saiu para irem ao Heathrow e pegarem o voo de volta para o Brasil. Chegamos em Dover às cinco da manhã e tivemos que esperar duas horas pelo *ferry boat* seguinte. Estávamos todos tão exaustos que dormimos no ônibus e ninguém acordou no *ferry* para sair. Fizemos a imigração e andamos muitos quilômetros pela França.

Chegamos de noite ao nosso destino, em um hotel que era uma graça, mas sem elevadores — um sofrimento para nós e nossa quantidade absurda de malas. O empregado do hotel deu várias viagens e deixamos algumas coisas em um depósito. Na manhã seguinte, dei uma caminhada na orla e fui até o centrinho de Flotte, que é uma graça: tem marinas com muitos veleiros e um farol (o Festival onde Gil se apresentou se chama Scene du Phare). Voltei ao hotel e logo saímos para passar o som. Depois fomos para a casa de um dos voluntários da produção. A casa era uma graça, e eles também! Nos receberam com camas arrumadas, caso quiséssemos repousar, e uma refeição bem gostosa.

O show foi ótimo e saímos antes do meio-dia no dia seguinte, rumo ao último destino da turnê, Saint-Nicolas-de-la-Grave: um lugar tão pequeno que a equipe se hospedou em Moissac e Flora, Gil, Flor e eu ficamos em Toulouse, no hotel La Cour des Consuls, bem localizado. Fazia 40 graus e vi no telejornal que essa foi a pior seca da história da França. De fato, pela estrada, víamos os gramados todos amarelos, as folhas das árvores idem. Não chove há séculos. Tomamos banho e fomos jantar no restaurante do hotel, uma maravilha. Flora e eu bebemos um Sancerre geladinho. Na folga do dia seguinte, saí com Flora e caminhamos até a Galeries

Lafayette. Passamos em uma loja Nicolas (de vinhos) para comprar plástico bolha (o dono nos deu um rolo enorme), depois fomos em um salão e marcamos de pintar o cabelo no outro dia. Normalmente espero até chegar no Rio, mas meu cabelo estava um horror!

Pegamos Gil e Flor e fomos almoçar na Brasserie des Beaux Arts, pertinho do hotel. À tarde, trabalhei um pouco no quarto e de noite fomos a um italiano que ficava numa espécie de Baixo Toulouse e era animadíssimo. Tomei um aperol e nem jantei, pois tinha almoçado bem na brasserie.

No dia do show, deixei minhas malas praticamente prontas e saímos rumo a Saint-Nicolas, que ficava a mais de uma hora de distância do nosso hotel. Levei meus vinhos já embalados na esperança de poder despachá-los com nossa carga, mas não deu. Tive que encaixá-los no meio de minhas roupas para trazer. Flora, que tinha ganhado do próprio Gerard Bertrand, dono da vinícola onde nos hospedamos em Narbonne, uma caixa de vinho, distribuiu pela equipe. Contudo, quase ninguém pôde aceitar por conta do peso das malas. Assim, várias garrafas ficaram para trás no camarim.

Jantamos após a passagem de som e Flora, que desde cedo estava se queixando da garganta, e de dor no pulmão, foi atendida por uma médica que estava no local do show. A médica achou melhor que ela fosse ao hospital fazer uma tomografia, coletar sangue e ver o que estava acontecendo. Saímos do local do show quando Gil subiu ao palco e fomos, na ambulância dos bombeiros, até o hospital de Montauban, no caminho para Toulouse. Ficamos horas lá e Gil nos encontrou depois do show. Flora foi diagnosticada com pneumopatia e voltou conosco para o hotel, já medicada. Fomos cedo para o aeroporto no dia seguinte. Pegamos uma atendente da Air France, simpaticíssima, que conversou conosco, perdoou o excesso de peso e nos contou que era de

Lourdes! Falamos da Santa, de Paulo Coelho e ela, quando avistou Gil, disse: "Eu conheço ele!" (Gil estava de máscara). Enfim, me arrependi de não ter trazido todos os vinhos! Nossa volta era Toulouse/Paris/Rio e foi puxado, mas só podemos dar graças a Deus de a turnê ter se passado em ambiente tão bom, tudo harmonioso, nenhum barraco, nenhum show ou voo cancelado, nenhuma confusão com os quartos dos hotéis. Flora é a grande responsável por isso, com auxílio de Jerry e Maria Gil. Acho que por isso, quando tudo acabou, ela relaxou e o vírus se instalou!

Enfim, já escrevo de volta ao Rio.

Até a próxima turnê!

Caderno de Fotos da Turnê "Nós A Gente"

Bela, Gabriel, João e sua amiga, Bem, Marina Mattoso, JP, Lucas e Fábio em um *pub*, em Berlim.

Gilda e John Lennon na entrada do Cavern Club, em Liverpool.

Mariá e Marina levam as gêmeas Roma e Pina nas costas.
Ao lado, Maria Gil.

Marina, Mariá, Maria, Andréa e Dom em um mercado de Berlim.

Marina, Gilda e Andréa, "aderentes da família Gil".

Viajando com os Gil em Liverpool – Gil e a Filarmônica.

Viajando com os Gil em Liverpool – Gil e a Filarmônica.

Viajando com os Gil em Liverpool – Gil e equipe.

Viajando com os Gil em Barcelona – Família.

Viajando com os Gil em Barcelona – Gil e Barcelona.